要点整理 & 問題で学ぶ！

販売士検定 3級

一問一答問題集

近藤 孝之

キーワードチェックで試験対策を完全サポート！

税務経理協会

はじめに

　本書は，日本商工会議所の販売士検定3級試験向けの一問一答問題集です。

　販売士検定3級の参考書は，書店に行けば山のようにありますが，いよいよ試験を受ける日が近づいて，「もう少し，知識をまとめたい」あるいは「今までの勉強の整理整頓をしたい」と思う方も多いでしょう。

　そんなときに役に立つのが，この一問一答問題集です。本書では，各分野を網羅し，一問一答形式で知識を整理できるようにしておきました。

　通学（または通勤）の車内や，ちょっとした空き時間などにぱらぱらとページをめくりながら，今までの勉強をまとめることができます。

　本書を使って，販売士検定3級試験を突破できることをお祈りします。

平成26年10月

近藤　孝之

目　次

はじめに

第1部　小売業の類型
第1章　流通における小売業の基本的役割 …………… 3
第2章　業界別流通経路の基本的役割 ………………… 11
第3章　形態別小売業の基本的役割 …………………… 19
第4章　店舗形態別小売業の基本的役割 ……………… 25
第5章　チェーンストアの基本的役割 ………………… 31
第6章　商業集積の基本的役割と仕組み ……………… 35

第2部　マーチャンダイジング
第1章　商品の基本知識 ………………………………… 43
第2章　マーチャンダイジングの基本 ………………… 47
第3章　商品計画の基本 ………………………………… 51
第4章　販売計画および仕入計画の基本的技術 ……… 57
第5章　在庫管理の基本方針 …………………………… 63
第6章　販売管理の基本的役割 ………………………… 69
第7章　価格設定の基本的考え方 ……………………… 75
第8章　利益追求の基本知識 …………………………… 81

第3部　ストアオペレーション
第1章　ストアオペレーションの基本的役割 ………… 87
第2章　ディスプレイの基本的役割 …………………… 97
第3章　作業割当の基本的役割 ………………………… 105
第4章　人的販売の基本的考え方 ……………………… 109

第4部 マーケティング

第1章 小売業のマーケティングの基本的考え方 …… 117
第2章 顧客管理の基本的役割 ………………………… 121
第3章 販売促進の基本的役割 ………………………… 125
第4章 商圏の設定と出店の基本的考え方 …………… 131
第5章 売場づくりの基本的考え方 …………………… 137

第5部 販売・経営管理

第1章 販売員の基本業務 ……………………………… 151
第2章 販売員の法令知識 ……………………………… 157
第3章 販売事務と計数管理の基本的知識 …………… 169
第4章 売場の人間関係 ………………………………… 173
第5章 店舗管理の基本的役割 ………………………… 177

索引 ………………………………………………………… 181

※ 本書の目次は，日本商工会議所・全国商工会連合会編「販売士検定試験3級ハンドブック」（カリアック・刊）に準拠したものとなっております。

第1部

小売業の類型

第 I 部

人口学の遺産

第1章　流通における小売業の基本的役割

<要点まとめ>

○小売業は，卸売業を兼業する場合もあるが，最終消費者に対する販売が**半分**以上であれば，小売業。

○小売業は，メーカーに代わって**販売代理**をし，消費者に代わって**購入代理**をする。

○サービスには，**無形性・不可分性・異質性・非貯蔵性**。

○日本の小売業は，**零細性と過多性と多段階性**。

○小売店舗数は一貫して減少（零細店を中心）している。

○１回当たりの購入量は，購買頻度に**反比例**。

○日本人は**鮮度**を重視。

○**輸送機能**とは，空間のギャップを橋渡しする。

○**取引機能**とは，所有権のギャップと価値のギャップを橋渡しする。

○**保管機能**とは，時間のギャップを橋渡しする。

○**情報伝達機能**とは，知覚的ギャップを橋渡しする。

○消費の最先端に位置する小売業の役割は，**小分け販売・分散立地型販売・非計画的購買への対応・参加（体験）型購買の促進**。

○消費者に対する小売業の役割は，**品ぞろえや情報の提供機能・在庫と価格の調整機能・品質のチェック機能・便利性・顧客サービス・快適性の提供機能**。

○供給先企業に対する小売業の役割は，**生産支援機能・流通主権者機能・消費者情報伝達機能**。

○全国の**ナショナルブランド**（NB）と小売業の**プライベートブランド**。

○地域社会に対する小売業の役割は，**暮らしの向上機能・地域社会への貢献機能・雇用機会の提供機能。**

○**コモディティ商品**は，日常的に消費される商品。

○**開発輸入**とは，海外メーカーに製造委託。

○欧米で生まれた店舗形態は，**ハイパーマーケット・スーパーセンター・キャッシュ＆キャリー・ホールセールクラブ・ハード・ディスカウンター・ネイバーフッド・マーケット・オフプライスストア・アウトレットストア。**

○国際化する日本の小売市場での対応は，ローカライズへの対応，経費構造の違いへの対応，流通システムの違いへの対応。

(1) 小売業は，卸売業を兼業する場合もあるが，最終消費者に対する販売が3分の2以上であれば，小売業としている。

(2) 小売業は，メーカーに代わって消費者への**購買代理**を行い，同時に消費者に代わって**販売代理**もしている。

(3) 無形財としてのサービスには，**無形性・不可分性・異質性・非貯蔵性**がある。

(4) 日本の小売業の構造上の特徴は，零細性と過少性と多段階性である。

(5) 小売店舗数は一貫して減少しており，特に零細店を中心に減少している。

(6) 日常的な食品については，1回当たりの購入量は，購買頻度に比例している。

(7) 購買習慣については，日本人は**鮮度**を重視する傾向にある。

(8) 生産と消費にはギャップがあるが，その1つに情報のギャップがある。

(9) 流通の機能のうち，取引機能とは，空間のギャップを橋渡しする機能である。

(10) 流通の機能のうち，情報伝達機能とは，時間のギャップを橋渡しする機能である。

(11) 消費の最先端に位置する小売業の役割としては，**小分け販売**や**分散立地型販売**という機能が求められる。

(12) 消費者に対する小売業の役割としては，**品ぞろえや情報の提供機能，在庫と価格の調整機能**がある。

(1) ✘ 確かに，卸売業を兼業する小売業もありますが，年間販売額の**半分以上**が最終消費者に対するものであれば，小売業です。

(2) ✘ 逆です。メーカーに代わって**販売代理**をし，消費者に代わって**購入代理**をするのです。

(3) ○ サービスは目に見えず（無形性），生産と消費が同時に行われ（不可分性），同一の品質を提供できず（異質性），生産されるとすぐに消滅します（非貯蔵性）。

(4) ✘ **零細性**（生業的）と**多段階性**（卸売業が介在）はよいのですが，過少性ではなく**過多性**（面積・人口当たりの店舗数が**多い**）です。

(5) ○ 従来型の小売店が減少し，各種商品小売業態（大型スーパー，コンビニなど）に負けています。

(6) ✘ 逆です。購買頻度に**反比例**しています。よく買うものは，1回当たりの購入量が少ないのです。

(7) ○ このため，毎日仕入をする小売店が必要で，その小売店に少量を供給する卸売店も必要になります。つまり，流通が多段階になります。

(8) ○ 情報のギャップとは，消費者は自分の欲しい商品やその供給業者について知らない一方，供給業者は顧客について知らないということです。

(9) ✘ **取引機能**とは，所有権のギャップと価値のギャップを橋渡しする機能です。空間のギャップを橋渡しするのは，**輸送機能**です。

(10) ✘ **情報伝達機能**とは，知覚的ギャップを橋渡しする機能です。時間のギャップを橋渡しするのは，**保管機能**です。

(11) ○ その他に，**非計画的購買への対応**と**参加（体験）型購買**（商品に触れて体験する）**の促進**も求められます。

(12) ○ その他に，**品質のチェック機能**と，**便利性**（時間的便利性など）・**顧客サービス・快適性の提供機能**があります。

⒀　供給先企業に対する小売業の役割としては，**生産支援機能**がある。

⒁　全国的かつ一般的に普及しているメーカーのブランドのことをプライベートブランドという。

⒂　地域社会に対する小売業の役割としては，**暮らしの向上機能**や**地域社会への貢献機能**がある。

⒃　外国資本流通業が日本に進出する例はあるが，逆に日本の小売業が外国に進出する例はない。

⒄　コモディティ商品とは，高級ブランド品のことである。

⒅　**開発輸入**とは，商品を海外メーカーに製造委託し，自社店舗で販売する方式である。

⒆　企業は，取引の手段としてインターネットを使うことはない。

⒇　スーパーセンターとは，コモディティ商品を中心に衣・食・住・遊をカバーするフルライン構成で，大量販売する。

(21)　ホールセールクラブとは，業務用の食品・非食品を現金で販売する会員制の卸売業である。

(22)　ネイバーフッド・マーケットとは，小さな店舗で，加工食品中心で，超安値で販売する形態である。

(23)　アウトレットストアとは，有名ブランド品や在庫処分品などを第三者が仕入れ，安く値引きして販売する小売形態である。

(13) **O** その他に、**流通主権者機能**（流通過程をコントロールする）と**消費者情報伝達機能**（消費者に関する情報をメーカーなどに伝える）があります。

(14) **✗** これは、**ナショナルブランド（NB）**です。**プライベートブランド（PB）**とは、主に小売業がメーカーに製造を依頼し、自身の名称をつけたブランドのことです。

(15) **O** その他に、**雇用機会の提供機能**もあります。

(16) **✗** 日本の小売業も、経済が著しく発展している中国などのアジア方面に進出しています。

(17) **✗** **コモディティ商品**とは、日常的に消費される商品のことです。コモディティ商品も、高級ブランド品と同様に海外からの商品調達が盛んです。

(18) **O** この場合の商品は、**プライベートブランド（PB）**になります。このように、商品調達・供給はグローバル化しています。

(19) **✗** **eマーケットプレイス**という企業間取引所を活用し、サプライヤーを世界中から見つけて取引します。

(20) **✗** これは、**ハイパーマーケット**です。**スーパーセンター**とは、ディスカウントセンターにスーパーマーケットを合体させたものです。

(21) **✗** これは、**キャッシュ＆キャリー**のことです。**ホールセールクラブ**とは、やはり会員制ですが、現金卸と小売を併用しています。

(22) **✗** これは、**ハード・ディスカウンター**です。**ネイバーフッド・マーケット**とは、小さな商圏のスーパーマーケットです。

(23) **✗** これは、**オフプライスストア**です。アウトレットストアもブランド品を扱いますが、メーカーや小売業が自ら開設する店舗です。

⑷ 国際化する日本の小売市場での対応としては,ローカライズへの対応,経費構造の違いへの対応,流通システムの違いへの対応がある。

⑷ **○** **ローカライズ**とは，消費者の嗜好や購買習慣に店舗形態やストアオペレーションを合わせていくことです。日本の消費者は品質に厳しく，多頻度に分けて購買します。**経費構造**については，日本は外国よりも土地や建物の賃借料が高く，人件費や光熱費も高めです。**流通システム**では，日本は卸売業が介在する場合が多いです。欧米のチェーンストアは，メーカーと直接取引してコストを削減します。

第2章　業界別流通経路の基本的役割

＜要点まとめ＞

○**常温**は5℃～35℃。**低温**は，－18℃以下が冷凍温度帯，－5℃～＋5℃が冷蔵温度帯。

○**生鮮食品**は，青果・魚介・精肉の生鮮三品。

○**卸売業者**は生産者から販売委託，**仲卸業者**は，卸売業者から買い付け，**小売業者**は卸売市場内での売買に参加し，生鮮食品を買い付ける。

○市場外流通は，**産地直送**。

○**トレーサビリティ**は追跡可能性。

○**一次卸**は大口，二次卸は小口。

○届け出れば，米の販売業者も卸売や小売。

○医薬品は薬局医薬品と一般用医薬品で，一般用医薬品は副作用の危険性の高い順に，**第1類，第2類，第3類**。

○**セルフメディケーション**は**自己治療**。

○**登録販売者**は第2類と第3類だけ。

○**専門店**は価格志向型とファッション志向型，**百貨店**はセンスや先進性を訴求。

○衣料品の流通経路は**買取・委託・消化**の3つ。

○化粧品の流通システムは，①**制度品**，②**一般品**，③**訪問販売**，④**通信販売**の4つ。

○SPAは生産販売小売業。

○日用雑貨市場における流通経路は**問屋流通・販売会社流通・直販流通**。

○**取引総数最小化の原理**は取引の総数を減少。

○需給結合機能は**場所的隔たりの解決・時間的隔たりの解決・品ぞろえの隔たりの解決**。

○卸売業は**需給結合機能・情報伝達機能・金融機能・リスク分散機能・物流機能・アソートメント機能・リテールサポート機能**。

○**総合卸（業態卸）**は多種多様な商品，**業種卸**は1つの分野だけ。

○**共同仕入会社**は中堅のスーパーマーケットが連帯。

○**ボランタリーチェーン**は中小小売店がチェーン。

○メーカーの流通チャネル政策は**直接流通チャネル**と**間接流通チャネル**。

○間接流通チャネルは**開放的流通チャネル政策・選択的流通チャネル政策・排他的流通チャネル政策**。

○**オープン価格制**は価格設定が自由。

○**建値制度**はメーカーが希望小売価格を設定。

○**垂直的マーケティングシステム**は企業システム・契約システム・管理。

(1)　温度帯別流通システムとしては，低温と常温があり，常温とは冷やすことも熱することもない温度で，10℃～20℃の範囲のことをいう。

(2)　**生鮮食品**とは，青果・魚介・精肉の生鮮三品を代表とする食品のことである。

(3)　卸売市場内で取引を行う業者のうち，仲卸業者は，卸売市場内での売買に参加し，生鮮食品を買い付ける大口需要者である。

(4)　市場外流通とは，**産地直送**とも呼ばれる。

(5)　**トレーサビリティ**とは，追跡可能性のことで，牛1頭ごとに個体識別情報などが記録されている。

(6)　一次卸は，比較的小規模な小口取引や郡部の小売業を対象にする。

(7)　2004年に食糧法が大幅に改正され，農林水産大臣に届出さえ行えば，米の販売業者も卸売や小売が自由にできるようになった。

(8)　医薬品は，薬局医薬品と一般用医薬品とに大別され，一般用医薬品は副作用の危険性の低い順に，**第1類**，**第2類**，**第3類**に分類される。

(9)　一般用医薬品のうち，第1類は，どんな小売業でも販売できるというわけではない。

(10)　**セルフメディケーション**とは，自己治療という意味である。

(11)　登録販売者制度とは，薬剤師でなくても一般用医薬品の第1類を販売できる制度である。

(1) ✗ **常温**とは，日本工業規格では5℃〜35℃の範囲のことをいいます。**低温**は，-18℃以下が冷凍温度帯，-5℃〜+5℃が冷蔵温度帯です。

(2) ○ 青果・魚介・精肉の**生鮮三品**は，必ず覚えておきましょう。

(3) ✗ これは，**小売業者**です。**仲卸業者**は，卸売業者から買い付けた生鮮食品を，卸売市場内で小売業などの大口需要者に販売します。
　ちなみに，**卸売業者**は，生産者から販売委託を受け，卸売市場内で仲卸業者や小売業などに販売します。

(4) ○ 卸売市場を通さないのは，量販店や外食チェーン店などがあります。また，生産者や卸売業者による，インターネットによる消費者への直接販売もあります。

(5) ○ 消費者は，牛肉の個体識別番号により，牛の出生から流通までの生産流通履歴を調べることができます。

(6) ✗ これは，**二次卸**です。**一次卸**は，規模の大きい大口や都市部の小売業を対象にします。

(7) ○ 米は，過去にいろいろと規制されていましたが，自由に流通させることで，生産者の競争力・対応力を向上させようとしています。

(8) ✗ 大別されるのはよいのですが，第1類は副作用の危険性が最も高く，次に第2類がきて，第3類は一番低いです。第1類を販売するのは**薬剤師**に限られます。

(9) ✗ 法律の改正により，一定の要件を備えて店舗販売業の許可を取れば，どんな小売業でも一般用医薬品のすべてを販売できます。

(10) ○ **自己治療**とは，病院に行かなくとも薬局などで医薬品を購入して治療し，結果として医療費の増大を抑制しようとすることです。

(11) ✗ **登録販売者**は，一般用医薬品のうち，第2類と第3類だけを販売できます。

⑿　衣料品における消費者の志向は，機能性や利便性，低単価商品から，高品質，高単価商品へとシフトしている。

⒀　衣料品の店舗形態のうち，百貨店は，価格志向型とファッション志向型がある。

⒁　衣料品の流通経路は，**買取・委託・消化**の3つがある。

⒂　化粧品の流通システムは，①**制度品**と②**一般品**の2つである。

⒃　SPAとは，生産販売小売業という意味である。

⒄　化粧品は，**再販売価格維持**（指定再販）商品に指定されている。

⒅　日用雑貨市場における流通経路には，**問屋流通・販売会社流通・直販流通**がある。

⒆　**取引総数最小化の原理**とは，メーカーと小売業との間に卸売業が入ることで，品ぞろえに必要な取引の総数を減少させることができるというものである。

⒇　卸売業の7つの機能のうちの需給結合機能には，場所的隔たりの解決，時間的隔たりの解決，品ぞろえの隔たりの解決の3つがある。

(21)　卸売業の**情報伝達機能**とは，小売業に先行してメーカーから商品を購入することで代金を支払うことである。これにより，メーカーは生産を行うことができる。

(12) **✗** 逆です。低価格なカジュアルチェーン店が消費者の支持を得て，商品単価は下落傾向になっています。

(13) **✗** これは，**専門店**です。**百貨店**は，文化や流行の発信源で，センスや先進性を訴求しています。

(14) **○** **買取**は，小売業が買い取って完売を目指します。**委託**は，販売を委託させます，**消化**は，売れた分だけ仕入として計上します。

(15) **✗** この他に，③**訪問販売**と④**通信販売**があり，全部で4つです。

(16) **○** 生産販売小売業とは，小売業者が製品の企画・製造を行うことです。

(17) **✗** 化粧品は，1997年に再販売価格維持（指定再販）商品から外され，ディスカウント販売が始まりました。

(18) **○** 問屋には，**広域問屋**と**地域問屋**があります。販売会社流通では問屋を通さずに小売業と直接取引します。直販流通では，小売業が問屋機能を引き受けます。

(19) **○** 取引総数最小化の原理により，小売業は複数のメーカーと取引する必要がなくなり，取引総数が減少してコストが削減されます。

(20) **○** **場所的隔たりの解決**とは，商品を中継・分散し，メーカーと小売業との間の空間的隔たりを解決することです。
時間的隔たりの解決とは，商品の生産時期と消費時期が異なる場合，卸売業が在庫を抱えて調節します。
品ぞろえの隔たりの解決とは，メーカー側の少品種大量生産と小売業側の多品種少量発注を調整します。

(21) **✗** これは，金融機能のことです。**情報伝達機能**とは，小売業の情報をメーカーに伝達することで製品開発に役立てるとともに，メーカー側の商品情報を小売業に伝えることで，その販売活動を支援することです。

⑵ 卸売業の**リスク分散機能**とは，メーカー側の売れないというリスクと，小売業側の在庫を抱えるリスクを分散することである。

⑵ 卸売業の**アソートメント機能**とは，小売業務を機能代行し，小売業がその業務に専念できるように，小売業の経営を支援することである。

⑵ **業種卸**は，小売業の品ぞろえに関連した多種多様な商品を取り扱う。

⑵ **ボランタリーチェーン**とは，中堅のスーパーマーケットが連帯し，共同仕入を行うことによって大量仕入のメリットを得る。

⑵ メーカーの**排他的流通チャネル政策**とは，自社商品を取り扱う流通業を，販売量や代金決済能力などをもとに選択し，制限するものである。

⑵ **オープン価格制**とは，メーカーが最終消費者向けの希望小売価格を設定せず，流通させる制度である。

⑵ **垂直的マーケティングシステム**とは，流通システム全体の効率化を目的につくられた，垂直的な協働関係に基づく企業組織である。

⑳ **○** 卸売業がメーカーと小売業の中間に入ることで，両者のリスクが分散されます。

㉓ **✕** これは，**リテールサポート機能**です。**アソートメント機能**とは，需要と供給を質と量の両面から安定的に結び付ける機能です。

㉔ **✕** これは，**総合卸（業態卸）**です。**業種卸**は，1つの分野だけを扱う卸売業（問屋）です。

㉕ **✕** これは，**共同仕入会社**です。**ボランタリーチェーン**とは，中小小売店が集まってチェーンをつくります。

㉖ **✕** これは，**選択的流通チャネル政策**です。**排他的流通チャネル政策**とは，独占販売権を持つ流通業をつくったり，資本参加したりするものです。

㉗ **○** **オープン価格制**は，価格設定が自由であるために競争が促進され，消費者にメリットがあります。

この逆が**建値制度**で，メーカーが希望小売価格を設定します。昔はメーカーの影響力が強く，建値制度でブランドの価値を維持することができましたが，最近は小売側がリーダーとして影響力を持っています。

㉘ **○** 企業システム・契約システム・管理システムがあります。

第3章　形態別小売業の基本的役割

＜要点まとめ＞

○小売主宰の**ボランタリーチェーン**（水平的統合）と卸売主宰のボランタリーチェーン（垂直的統合）。

○**COOP**（消費生活協同組合、生協）は非営利で、「地域生協」と「職域生協」。

○生協の**共同購入**は停滞し、個人宅配にシフト。

○フランチャイズは契約による関係。本部が**フランチャイザー**で、加盟店が**フランチャイジー**。

○**レギュラーチェーン**は多店舗経営。

○**無店舗販売**は訪問販売・移動販売・通信販売・自動販売機による販売の他、仕出し販売・産直販売・月極販売・共同購入方式。

○ネットスーパーは顧客別に仕分ける**倉庫型ネットスーパー**と**店舗型ネットスーパー**。

○**通信販売**はカタログ販売・テレビ販売・インターネット販売。

○訪問販売や通信販売などの無店舗販売は、**特定商取引法**により、**クーリング・オフ**。

(1) **ボランタリーチェーン**（VC）は，中小の小売業が自主的に参加できる緩やかな組織形態で，共通の弱点を補完するものである。

(2) 小売主宰のボランタリーチェーン（VC）は，卸売業の販売先小売店を組織化するもので，本部の卸売業には小売店側から情報がもたらされ，小売店側では商品供給や商品・販売情報などの提供支援を受ける。

(3) **COOP**（消費生活協同組合，生協）は，組合員からの出資金によって経営される，非営利の協同組織体である。

(4) 生協の**共同購入**とは，組合員が班になって生協からまとめ買いするシステムで，近年ますます発展している。

(5) **フランチャイズ**とは，契約による関係で，店舗ブランド名や経営ノウハウなどを提供する代わりに，対価を受け取る仕組みである。

(6) フランチャイズチェーン（FC）の本部をフランチャイジーといい，加盟店をフランチャイザーという。

(7) **レギュラーチェーン**とは，多店舗経営を行う企業のことであり，1企業が類似する店舗を複数所有し，集中管理する。

(8) **無店舗販売**には，訪問販売・移動販売・通信販売・自動販売機による販売などがある。

(9) 店舗販売の特徴としては，店舗が存在すること・取扱商品が店内にディスプレイされていること・顧客は一定の商圏内の消費者であることなどがある。

(10) 書籍・文房具・自動車・自転車などは，9割以上が店舗販売である。

(1) **○** 小売主宰のボランタリーチェーン（水平的統合）と卸売主宰のボランタリーチェーン（垂直的統合）があります。

(2) **✗** これは，卸売主宰のVCです。小売主宰のVCは，同じ目的を持つ小売店同士で組織化した目的共同体で，ノウハウを共有化したり，共同で仕入れたりするメリットを追求します。

(3) **○** COOPは，地域単位で組織される「地域生協」と，大学などのような職域単位で組織される「職域生協」があります。

(4) **✗** 共同購入の定義はよいのですが，女性の社会進出により停滞し，個人宅配にシフトしています。地域密着・無店舗販売が主流で，組合員の交流の場にもなります。

(5) **○** フランチャイズを行う企業と，フランチャイズチェーンに加盟する事業者との間には，資本関係はありません。本部は，少ない投資で確実な収益を上げます。

(6) **✗** 逆です。本部が**フランチャイザー**で，加盟店が**フランチャイジー**です。

(7) **○** レギュラーチェーンでは，仕入は本部で行い，店舗は統一されたオペレーションによって販売に専念します。

(8) **○** その他として，仕出し販売・産直販売・月極販売・共同購入方式などがあります。

(9) **○** この他には，販売員による対面販売が基本です。

(10) **✗** これらの小売業は店舗販売の割合が少ないです。店舗販売の割合が多いのは，各種商品小売業や医薬品・化粧品小売業などです。

(11) ネットスーパーには店舗型と倉庫型があり，店舗型では，商品を顧客別に仕分けて梱包し，行き先別に振り分けて配送する。

(12) 移動販売は，販売員が各家庭や職場を訪れて商品を販売する。

(13) **訪問販売**は，増加傾向が続いている。

(14) **通信販売**には，カタログ販売・テレビ販売・インターネット販売がある。

(15) 訪問販売や通信販売などの無店舗販売は，**特定商取引法**で規制される。

(11) ✗ 顧客別に仕分けるのは，**倉庫型ネットスーパー**で，倉庫内で仕分けます。**店舗型ネットスーパー**では，店舗内の売場で商品を一括して集めます。

(12) ✗ 家庭や職場を訪れるのは，**訪問販売**です。**移動販売**は，トラックなどで移動しながら，人が多く集まる場所で一時的に商品を販売します。

(13) ✗ 女性の社会進出や核家族化，レジャーによる外出などのため，訪問販売は，減少傾向が続いています。

(14) ○ カタログの届け方には，ダイレクトメールによる方法と店舗での手渡しがあります。テレビ販売は電話で注文を受けます。

(15) ○ **特定商取引法**により，**クーリング・オフ**などの消費者を守るルールが定められています。

第4章　店舗形態別小売業の基本的役割

＜要点まとめ＞

○**業種**は，「何を売るか」によって小売業を分類。

○**業態**とは，「どのような売り方をするか」という，経営方法で分類。

○**専門**（業態）店の戦略は，顧客ニーズに合わせる。

○**専業**（業種）店の戦略は，自分の店は何を売るのかという発想から始まり，多品目の商品構成。

○**百貨店**は，食品部門が伸びてきている。

○**百貨店**の販売形態は，**委託販売**から自主マーチャンダイジングにシフト。**外商販売**もある。

○GMSは**総合品ぞろえスーパー**。郊外に巨大な店舗を構える。

○**スーパーマーケット**は，生鮮食料品中心。

○**ホームセンター**（HC）は，DIYがストアコンセプト。

○**ドラッグストア**は，医薬品・化粧品小売業に属し，一般用医薬品を扱う。ヘルス＆ビューティケア。

○医薬品のうち，第1類は**薬剤師**のみ，第2類と第3類は**登録販売者**でも販売できる。

○一般に**登録販売者**になるには，1年間の実務経験と試験に合格しなければならない。

○どんな小売店でも医薬品が販売できるようになる。

○**コンビニエンス**（convenience）は「便利であること」，多くは**フランチャイズチェーン**。

○**スーパーセンター**とは，大型のスーパーマーケットとディスカウントストアを合体させたような店舗。

○**ハイパーマーケット**は，食料品を主流にしながら，衣料・雑貨や住関連用品などの生活必需品も置いた店舗。
○**ディスカウントストア**（DS）は安売りで，総合型と限定型。
○**100円ショップ**は単一価格で，衝動買いやついで買いが多い。
○**家電量販店**の台頭により，オープン価格制度が広がっている。
○**衣料量販店**は，店舗の名前がブランド。別名**衣料品スーパー**。
○**ホールセールクラブ**は，会員個人に，卸価格で販売。
○**アウトレットストア**は，在庫処分のために格安販売。
○**セレクトショップ**は，経営者の個性を主張。

(1)　業態とは,「何を売るか」によって小売業を分類する概念である。

(2)　業態は,消費者の立場に立ち,購買目的や購買方法を基準として小売業を分類する方法である。

(3)　専業(業種)店の戦略は,顧客のどのようなニーズにどのように応えるかから発想し,品ぞろえも顧客ニーズに合わせる。

(4)　**百貨店**は,衣料品を中心に取り扱っているが,最近では食品部門が伸びてきている。

(5)　百貨店の販売形態としては,仕入先企業に売場を貸して商品を販売する委託販売が多い。

(6)　百貨店は,伝統と信用,実績があるため,有力な顧客の所に出向いて販売する,外商販売がある。

(7)　GMSは,スーパーマーケットのことである。

(8)　スーパーマーケットは,生鮮食料品中心である。

(9)　ドラッグストア(DgS)は,DIYがストアコンセプトである。

(10)　**ドラッグストア**は,医薬品・化粧品小売業に属し,一般用医薬品を扱う。

(11)　医薬品のうち,第1類は薬剤師でなければ販売できないが,第2類と第3類は誰でも販売できる。

(12)　登録販売者になるためには,都道府県に届け出ればよい。

(1) ✗ これは、**業種**です。**業態**とは、特定のニーズを持った顧客にどのような売り方をするかという、経営方法で分類します。

(2) ○ **業態**には、商品の使い方や売り方、経営方法による分類があります。一方、**業種**は、商品の特性による分類です。

(3) ✗ これは、**専門（業態）店**です。**専業（業種）店**の戦略は、自分の店は何を売るのかという発想から始まり、品ぞろえも品種ごとに多品目の商品構成を取ります。

(4) ○ **百貨店**の品ぞろえは、ブランド品を中心に高級品が多く、独自のオリジナル商品も取り揃えています。

(5) ○ **委託販売**は、商品に一貫性がなくなるために消費者からの支持を得づらくなっており、見直されつつあります。そこで、自主マーチャンダイジングにシフトしています。

(6) ○ **外商販売**には、企業を対象とした法人外商と、高額所得者を対象とした個人外商があります。

(7) ✗ GMSは総合品ぞろえ**スーパー**といい、郊外に巨大な店舗を構え、車による来店が主です。さらに、ショッピングセンターの核となる場合もあります。

(8) ○ **スーパーマーケット（SM）**は、地域に根差して日常生活に密着し、堅実な経営を行っています。

(9) ✗ DIYはDo It Yourselfの略で、日曜大工を意味し、**ホームセンター（HC）**のストアコンセプトです。他に、補修用品や園芸・ペット・カー用品もそろえます。

(10) ○ 医薬品の他に化粧品やトイレタリー用品も扱い、ヘルス＆ビューティケアという美と健康に関する商品を購入できます。

(11) ✗ 第2類と第3類は、薬剤師の他、**登録販売者**でなければ販売できません。

(12) ✗ **登録販売者**になるためには、一般用医薬品の販売業務を1年間経験し、試験に合格しなければなりません。

⒀ **ドラッグストア**の問題点としては，規制緩和により，現在抱えている薬剤師が不要になることがある。

⒁ 医薬品販売の規制緩和により，どんな小売店でも医薬品が販売できるようになる。

⒂ コンビニエンスストア（CVS）のコンビニエンスとは，利便性という意味である。

⒃ コンビニエンスストア（CVS）の多くは，ボランタリーチェーンである。

⒄ **スーパーセンター**とは，大型のスーパーマーケットとディスカントストアを合体させたような店舗のことである。

⒅ **ハイパーマーケット**は，食料品を主流にしながら，衣料・雑貨や住関連用品などの生活必需品も置いた店舗である。

⒆ **ディスカウントストア**（DS）のディスカウントとは，もともとは安売りという意味である。

⒇ **100円ショップ**は単一価格であるが，衝動買いやついで買いは少ない。

(21) 家電品販店は，家電品やパソコン関連商品を中心に，大量仕入，大量販売によるディスカウント路線によって消費者を引き付けた。

(22) **衣料量販店**は，店舗の名前がブランドになっている。

(23) アウトレットストアは，会費を払う会員である個人を対象に，商品を卸価格で販売する。

(24) セレクトショップは，1つのブランドだけではなく，経営者のセンスで仕入れたものを陳列・販売する店舗である。

(13) ✘ 規制が緩和されても，薬剤師は必要です。この薬剤師の確保が難しいことが最大の問題です。

(14) ○ このため，ドラッグストアの存在意義そのものが失われる可能性があります。

(15) ○ **コンビニエンス**（convenience）とは，「便利であること」つまり利便性という意味です。近所にあり，飲食料品や日用雑貨を扱い，営業時間が長いからです。

(16) ✘ 多くは，**フランチャイズチェーン**です。本部と加盟店との間に資本関係はありません。

(17) ○ もともとは，アメリカのウォルマートの店舗のことを指していました。衣食住のフルラインの日常品ぞろえです。

(18) ○ フランスでは，スーパーマーケットより広い面積の店舗とされ，倉庫をそのまま店舗にしているような店構えです。

(19) ○ その名の通り低価格での販売を重要にし，薄利多売を目指しています。チェーン展開が多く，総合型と限定型があります。

(20) ✘ 単一価格なので，衝動買いやついで買いが多いです。事務作業も簡素化でき，急速にチェーン展開しています。

(21) ○ **家電量販店**の台頭によって，家電品の価格は，店頭にゆだねるオープン価格制度が広まりました。

(22) ○ 別名**衣料品スーパー**ともいわれ，値ごろ感で顧客を引き付ける大型店舗です。

(23) ✘ これは，**ホールセールクラブ**です。**アウトレットストア**は，売れ残ったブランド品や流行遅れとなったブランド品などを，在庫処分のために格安で販売します。

(24) ○ **セレクトショップ**には，経営者にこだわりがあり，明確に個性が主張されています。

第5章　チェーンストアの基本的役割

<要点まとめ>

○**マス・マーチャンダイジング**は，大量仕入・大量販売。メーカーに対して開発商品の要請も。

○**コーポレートチェーン**（レギュラーチェーン）は単一資本。

○**ボランタリーチェーン**は共同資本。

○**フランチャイズチェーン**は契約による独立資本。

○**生協チェーン**は消費者の共同出資。

○**ナショナルチェーン**は全国チェーン。

○**リージョナルチェーン**は広域チェーン。

○**ローカルチェーン**は地域チェーン。

○**チェーンストア**では，本部が仕入を集中管理し，店舗は販売に専念。

○**百貨店**では，店舗ごとに仕入れて販売。

○**チェーンストア**では，本部の主導で店舗運営をコントロールし，店舗での作業はマニュアル化。

○**チェーンストア**のメリットは，仕入コスト・運営コスト・広告宣伝費の削減と知名度の向上。

○**チェーンストア**のデメリットは，出店増加によるトラブルなど。

○チェーンストアの本部機能は，**店舗開発・商品管理・店舗運営**。

○全国規模で展開するチェーンストアは，分散型。

○特定のカテゴリーを取り扱う専門店チェーンストアでは，本部に集中した集中型管理組織。

(1) チェーンストアは，店舗を管理する本部と各店舗で構成され，大量販売を行う（**マス・マーチャンダイジング**）。

(2) チェーンストアを資本形態で分類すると，単一資本のボランタリーチェーンと共同資本のコーポレートチェーンがある。

(3) チェーンストアを商圏規模で分類すると，全国チェーンのリージョナルチェーン，広域チェーンのローカルチェーン，地域チェーンのナショナルチェーンになる。

(4) 百貨店では，本部が仕入を集中管理し，店舗は販売に専念するが，チェーンストアでは，店舗ごとに仕入れて販売する。

(5) チェーンストアでは，本部の主導で店舗運営をコントロールし，店舗での作業はマニュアル化されている。

(6) チェーンストアのメリットとしては，仕入コスト・運営コスト・広告宣伝費の削減と知名度の向上があるが，デメリットはない。

(7) チェーンストアの本部機能としては，**店舗開発・商品管理・店舗運営**がある。

(8) 特定のカテゴリーを取り扱う専門店チェーンストアでは，運営管理体制を地域別に分散型にしている。

(1) **○** 多店舗化による大量仕入で仕入原価を引き下げ，安価で商品を供給するとともに，メーカーに対して開発商品の要請も行います。

(2) **✗** 逆です。**コーポレートチェーン（レギュラーチェーン）**が単一資本で，**ボランタリーチェーン**が共同資本です。
その他に，契約による独立資本である**フランチャイズチェーン**と，消費者の共同出資による**生協チェーン**があります。

(3) **✗** 全国チェーンが**ナショナルチェーン**，広域チェーンが**リージョナルチェーン**，地域チェーンが**ローカルチェーン**です。

(4) **✗** 逆です。**チェーンストア**では，本部が仕入を集中管理し，店舗は販売に専念しますが，**百貨店**では，店舗ごとに仕入れて販売します。

(5) **○** マニュアル化により，店舗の従業員がマニュアル通りにしか行動しないという弊害もあります。

(6) **✗** メリットはよいのですが，デメリットとしては，出店増加によるトラブルや画一的な店舗運営が地域のニーズと合致しないことなどがあります。

(7) **○** 店舗は画一化・標準化され，商品管理も本部が行い，マニュアルも本部が作成します。

(8) **✗** 分散型にするのは，全国規模で展開するチェーンストアです。専門店チェーンストアでは，本部に集中した集中型管理組織にします。

第6章　商業集積の基本的役割と仕組み

＜要点まとめ＞

○事業所数は，就業者4人以下の方が5～49人の約2倍。

○年間販売額は，就業者5～49人の方が4人以下の約4倍。

○中小小売業の役割は地場産品の販売や雇用の受け皿。

○中小小売業は，チェーン組織に加盟すれば，近代的で効率的なノウハウを習得できる。

○中小小売業は，品ぞろえを専門化。

○中小小売業は業種店から業態店への転換が求められる。

○中小小売業にとっても，ITの活用は重要。

○**ショッピングセンター**はディベロッパーなどにより計画的に開発。

○近年の商店街は，空き店舗が増加。

○国による商店街振興策は，**店舗協同化計画**と**連鎖化事業計画**と**商店街整備計画**。

○**近隣型商店街**は，商圏人口は1万人程度までで，最寄品中心。

○**地域型商店街**は，大都市の周辺部や小都市の中心部にあり，商圏人口は数万人から10万人程度。買回品に最寄品も交じっている商品構成。

○**広域型商店街**とは，商圏人口30万人以上の県庁所在地などの都市の中心部にある。

○**超広域型商店街**は，政令指定都市の都心部に立地し，商圏人口は100万人以上あり，買回品中心。

○**近隣型（ネイバーフッド）ショッピングセンター**は小規模で，スーパーマーケットを核とし，最寄品中心。

○**地域型(コミュニティ)ショッピングセンター**は，中規模なショッピングセンターで，核店舗はGMSか小型百貨店で，最寄品と買回品に対応。

○**広域型(リージョナル)ショッピングセンター**は，大規模なショッピングセンターで，核店舗は総合品ぞろえスーパーと百貨店が組み合わされており，買回品に全面的に対応。

○**超広域型(スーパーリージョナル)ショッピングセンター**は超大規模で，複数の核テナントがあり，スポーツ施設やアミューズメント施設も併設。

○今後のショッピングセンターは，エンターテインメント性と高齢者に配慮。

(1) 中小小売業のうち，就業者4人以下の事業所は，事業所数，年間販売額ともに，5～49人の事業所より多い。

(2) 中小小売業の役割としては，地場産品の販売や雇用の受け皿がある。

(3) 中小小売業は，チェーン組織に加盟することで，近代的で効率的なノウハウを習得できる。

(4) 中小小売業は，品ぞろえを専門化しない方が，顧客満足が得られやすい。

(5) 中小小売業は，業態店から業種店への転換が求められている。

(6) 中小小売業にとっても，ITの活用は重要である。

(7) 商業集積とは，結局は，自然発生的に形成された商店街のことである。

(8) 近年の商店街は停滞・衰退する傾向にあり，空き店舗が増加している。

(9) 国による商店街振興策としては，1973年に中小小売商業振興法が施行され，**店舗協同化計画**と**連鎖化事業計画**の2つを柱とした高度化事業計画が始まった。

(10) ショッピングセンターは，1つの単位として計画・開発・所有・管理運営される商業・サービス施設の集合体で，駐車場はなくてもよい。

(11) ショッピングセンターのテナントは，客層や来店目的が異質な業種・業態を集積した方が，集客効果が上がる。

(1) ✘ 事業所数は，4人以下の方が5～49人の事業所の約2倍ですが，年間販売額は，5～49人の方が4人以下の約4倍です。

(2) ○ その他に，さまざまな業種・業態が共存することで，店舗選択範囲の幅を広げています。また，消費者とのコミュニケーション機能も求められています。

(3) ○ チェーン組織に加盟すれば，マニュアルなどにより，ノウハウを学ぶことができます。

(4) ✘ 中小小売業は，市場細分化によって顧客を絞り込み，品ぞろえを専門化して特定分野の商品を多く提供した方が，より大きな顧客満足が得られやすいです。

(5) ✘ 逆です。業種店から業態店への転換が求められています。とにかく顧客ありきの発想が重要です。

(6) ○ インターネットの普及により，中小小売店でも全国から注文を受けることができます。

(7) ✘ **商店街**も確かに**商業集積**ですが，商業集積にはもう1つ，ディベロッパーなどによって計画的に開発された**ショッピングセンター**があります。

(8) ○ 原因は，人口の郊外移動とそれに伴う郊外への大型店の進出，経営者の高齢化と後継者不足などがあります。

(9) ✘ 柱としてはもう1つ，**商店街整備計画**があります。これで，3つの柱になります。

(10) ✘ 駐車場は必要です。その他にも，小売店舗が10店・1,500㎡以上，キーテナントが80%以下でテナント会があり，共同活動を行っている必要があります。

(11) ✘ 客層や来店目的が同様な業種・業態を集積した方が，相乗効果で集客力がアップします。小売店の配置も，購買目的に合わせて便利にします。

⑿　ショッピングセンターは，地域コミュニティの核となって，集いや安らぎの場でもある。

⒀　近隣型商店街とは，大都市の周辺部や小都市の中心部にあり，商圏人口は数万人から10万人程度である。また，買回品に最寄品も交じっている商品構成である。

⒁　広域型商店街とは，政令指定都市の都心部に立地し，商圏人口は100万人以上あり，買回品を中心としている。

⒂　近隣型（ネイバーフッド）ショッピングセンターは，中規模なショッピングセンターで，核店舗はGMSか小型百貨店で，最寄品と買回品に対応している。

⒃　広域型（リージョナル）ショッピングセンターは超大規模で，複数の核テナントがあり，スポーツ施設やアミューズメント施設も併設してある。

⒄　今後のショッピングセンターは，エンターテインメント性を取り入れると共に，高齢者にも配慮しなくてはならない。

(12) ◯ 地域住民のために，コミュニティ機能やアメニティ機能を表すことも期待されています。

(13) ✘ これは，**地域型商店街**です。**近隣型商店街**は，商圏人口は1万人程度までで，最寄品中心です。

(14) ✘ これは，**超広域型商店街**です。**広域型商店街**とは，商圏人口30万人以上の県庁所在地などの都市の中心部にあります。

(15) ✘ これは，**地域型（コミュニティ）ショッピングセンター**です。**近隣型ショッピングセンター**は小規模で，スーパーマーケットを核とし，最寄品が中心です。

(16) ✘ これは，**超広域型（スーパーリージョナル）ショッピングセンター**です。**広域型ショッピングセンター**は，大規模なショッピングセンターで，核店舗は総合品ぞろえスーパーと百貨店が組み合わされており，買回品に全面的に対応しています。

(17) ◯ これまでのショッピングセンターは，単なる物販施設でしたが，今後はエンターテインメントとしての要素も取り入れていく必要があります。また，今後増える一方の高齢者に配慮してバリアフリー化を進めるとともに，地域のコミュニティ機能も果たすようにするべきです。

第2部

マーチャンダイジング

第1章　商品の基本知識

＜要点まとめ＞

○商品の種類は，物財・サービスの他に，システム・情報・権利・技術など。

○**特許**は，「自然法則を利用した技術的思想の創作のうち高度なもの」。

○**実用新案**は，物品の形状，構造または組合せに係る考案。

○商品の品質は，質的な要素で，消費者は満足を得る。

○**一次品質**は機能・性能面，**二次品質**は個人的な趣味や嗜好などの感性面，**三次品質**は流行やブランドなど。

○商品コンセプトとは，消費者ニーズに応える部分を明確に表したメッセージ。

○**最寄品**は，住居に近い所で時間や労力をかけずに購入できる。品質や内容はよく知られていて，価格も大差なし。

○**買回品**は，比較的に高価な部類に属し，複数の店舗を回って価格や比較を検討してから購入する商品。

○**専門品**は，高価格で，購買頻度は極めて低く，購入決定までに時間と手間，アドバイスも必要。

○意匠とは，物品の形状，模様もしくは色彩，または，これらの結合であり，視覚を通じて美観を起こさせるもの。

○グッドデザイン賞は，「よいデザイン」で，「Gマーク」。

○**ブランドマーク**は，商品本体や包装，広告などにつけられ，視覚的な印象を与える。

○**ブランドネーム**は名前。

(1) 商品の種類には，物財・サービスの他に，システム・情報・権利・技術などがある。

(2) 実用新案とは,「自然法則を利用した技術的思想の創作のうち高度なもの」のことである。

(3) 商品の品質とは，質的な要素であり，それによって消費者は満足を得るが，個人的な趣味や嗜好などの感性面の一次品質と，機能・性能面の二次品質がある。

(4) 商品コンセプトとは，消費者ニーズに応える部分を明確に表したメッセージである。

(5) 最寄品とは，比較的に高価な部類に属し，複数の店舗を回って価格や比較を検討してから購入する商品である。

(6) 意匠法による意匠とは，物品の形状，模様もしくは色彩，または，これらの結合であり，視覚を通じて美観を起こさせるものである。

(7) グッドデザイン賞は,「よいデザイン」として認められたもので,「Gマーク」をつけることが認められている。

(8) ブランドネームは，商品本体や包装，広告などにつけられ，常に消費者の目に触れ，視覚的な印象を与えるものである。

(1) ○ システムはインターネットへの接続など，情報は新聞など，権利は著作権など，技術は特許権などになります。

(2) ✗ これは，**特許**のことです。**実用新案**とは，物品の形状，構造または組合せに係る考案です。

(3) ✗ 品質そのものの定義はよいのですが，**一次品質**と**二次品質**が逆です。また，流行やブランドなどの社会的評価にかかわる**三次品質**があります。

(4) ○ メーカー・卸売業・小売業は，商品の有用性を明確にし，いかなる点で消費者が満足感を得られるかをきちんと伝える必要があります。

(5) ✗ これは，**買回品**です。**最寄品**は，住居に近い所で時間や労力をかけずに購入するもので，品質や内容はよく知られていて，価格も大差ありません。

その他に，**専門品**があります。専門品は，価格がかなり高い一方，購買頻度は極めて低く，購入決定までに時間と手間がかかります。アドバイスも必要です。

(6) ○ 意匠とは，一言でいえば，**デザイン**です。意匠法で保護されます。似たようなものに商標があり，こちらはロゴなどです。

(7) ○ **グッドデザイン賞**は，公益財団日本デザイン振興会が授与するもので，生活者の暮らしや産業，社会全体をより豊かなものへ導くことを目的にしています。

(8) ✗ これは，**ブランドマーク**です。**ブランドネーム**は名前であり，商品を効果的に認知，記憶させ，その商品を優先的に選択してもらうための有益な手段です。

第2章　マーチャンダイジングの基本

＜要点まとめ＞

○**マーチャンダイジング**とは，別名，商品化政策または商品計画。小売業が商品を仕入れて陳列し，顧客に販売する業務の計画と管理。

○マーチャンダイジング・サイクルの**商品計画**は，商品構成表を作成。品ぞろえ政策が基本。

○**販売計画**では通常52週間を単位として売上金額などを算出。

○**棚割**とは，陳列棚（ゴンドラ）のスペースをどのように配分するかという技術。

○**フェイス**は顧客から見える商品の面。

○**フェイシング**はフェイスの個数を決めること。

○**荷受・検品**とは，別名**商品の検収業務**。商品を受け入れる業務。種類や数量に誤りがないかもチェック。

○マーチャンダイジングのPDSサイクルのPは**Plan（計画）**で，**販売計画**，Dは**Do（実行）**で，**発注・荷受・ディスプレイ・販売**など。Sとは**See**の略で，**検収・評価**。

○**POS**（Point Of Sales）システムは販売時点情報管理システム。

○**EOS**（Electronic Ordering System）は，企業間のオンライン受発注システム。

○**EDI**（Electronic Data Interchange）は，電子データ交換。

○**売れ筋商品**は売上を伸ばしている商品。

○**死に筋商品**は，売上不振の商品。

○コンビニエンスストアの商品構成は，多品種少品目少量の品ぞろえで，**約3,000**の商品を陳列。

○**発注リードタイム**は，発注から荷受までの時間。
○**発注サイクル**は，発注から次の発注までの時間。

⑴　マーチャンダイジングとは，小売業が商品を仕入れて陳列し，顧客に販売する業務の計画と管理のことである。

⑵　マーチャンダイジング・サイクルの商品計画とは，通常52週間を単位として売上金額などを算出することである。

⑶　**棚割**とは，陳列棚（ゴンドラ）のスペースをどのように配分するかという技術である。

⑷　荷受・検品とは，発注した商品が納品されたとき，担当者立会いのもとで商品を受け入れる業務である。

⑸　マーチャンダイジングのPDSサイクルのPとは実行のことで，発注・荷受・ディスプレイ・販売など，店舗の運営にかかわることである。

⑹　マーチャンダイジングのPDSサイクルの**S**とはSeeの略で，日本語では**検収・評価**という。

⑺　EOS（Electronic Ordering System）とは，販売時点情報管理システムといい，商品のバーコードを読み取ってレシートを自動発行したりするものである。

⑻　**EDI**（Electronic Data Interchange）は，電子データ交換のことである。

⑼　死に筋商品とは，テレビCMなどでよく知られており，売上を伸ばしている商品のことである。

⑽　コンビニエンスストアの商品構成は，多品種少品目少量の品ぞろえである。

⑾　発注サイクルとは，発注から荷受までの時間のことである。

⑿　コンビニエンスストアでは，約30,000の商品を陳列している。

(1) ○ **マーチャンダイジング**とは，別名，商品化政策または商品計画ともいいます。

(2) ✕ 売上金額などを算出するのは，**販売計画**です。**商品計画**では，商品構成表を作成します。ここでは，品ぞろえ政策を基本とします。

(3) ○ また，顧客から見える商品の面を**フェイス**といい，フェイスの個数を決めることを**フェイシング**といいます。

(4) ○ **荷受・検品**とは，別名**商品の検収業務**ともいい，種類や数量に誤りがないかもチェックします。

(5) ✕ 実行は，D（Do）です。PはPlan（計画）で，販売計画のことです。計画は，主に本部が立てます。実行は店舗が行います。

(6) ○ **検収・評価**には，在庫管理・販売管理などの商品管理があります。本部は，チェーン全体のSeeを行い，店舗は店舗だけのSeeを行います。

(7) ✕ これは，POS（Point Of Sales）システムのことです。EOSは，企業間のオンライン受発注システムのことです。

(8) ○ EDIは，企業同士の間で，オンラインで情報（データ）をやり取りするための通信基盤です。

(9) ✕ これは，**売れ筋商品**のことです。**死に筋商品**とは，商品寿命が終わりに近いなど，売上不振の商品です。POSで把握できますので，売れ筋商品に入れ替えます。

(10) ○ 店頭の陳列在庫量は少なく，1品目1回当たりの発注数量も少ないです。

(11) ✕ これは，**発注リードタイム**です。**発注サイクル**は，発注から次の発注までの時間のことです。

(12) ✕ 30,000ではなく**約3,000**です。コンビニエンスストアでは，棚割は本部で作成し，値下げは行わず，便利さを売り物にしています。

第3章　商品計画の基本

＜要点まとめ＞

○**商品計画**は，計画的に商品構成を行うこと。**大分類**（ライン），**中分類**（クラス），**小分類**（サブクラス）と細分化。

○商品カテゴリー（品種）構成は品ぞろえの「**幅**」，品目構成は品ぞろえの「**奥行**」という。

○商品構成の基本類型のB（Broad）は**広い**，N（Narrow）は**狭い**，D（Deep）は**深い**，S（Shallow）は**浅い**。

○**B&D型**は，品種構成は広く，品目構成は深い。

○**B&S型**は，品種構成は広く，品目構成は浅い。

○**N&D型**は，品種構成は狭く，品目構成は深い。

○**N&S型**は，品種構成は狭く，品目構成は浅い。

○商品構成の**総合化**（＝総合店）は，品ぞろえの幅を広げること。

○商品構成の**専門化**（＝専門店）は，品ぞろえの幅を狭める（絞り込む）。

○専業店は，1つの業種にこだわった商品を専門に取り扱う。

○**専門店**は，品ぞろえの幅を狭め，品ぞろえの幅と奥行の両方が計画的。

○**百貨店**と**総合品ぞろえスーパー**は，衣・食・住・遊の用品を総合的（フルライン）に取り扱い，品ぞろえの幅も奥行も深い。

○**総合品ぞろえスーパー**と**ホームセンター**は，ともに生活必需品が中心。品ぞろえ面で直接的に競合。

○**家電量販店**は，**総合品ぞろえスーパー**以上に豊富な品ぞろえ。**カテゴリーキラー**。

- **スーパーセンター**は**総合品ぞろえスーパー**よりも低価格を訴求。
- **スーパーマーケット**（SM）の品ぞろえは，幅が広くて深い。
- **ミニスーパー**（MSM）は，幅と奥行をほどよく絞り込んだ品ぞろえ。
- **コンビニエンスストア**（CVS）は，幅が狭く浅い品ぞろえ。
- **ロイヤルカスタマー**は，優良顧客。上得意様。
- **ワントゥワン・マーケティング**は，個人との関係を重視。
- **インストアシェア**は，**店舗内占有率**。

(1) **商品計画**とは，ターゲットとする顧客のニーズに応えるために商品を選別し，計画的に商品構成を行うことである。

(2) **商品構成**の基本は，商品を一定の基準によって細分化していくことから始まる。

(3) 商品カテゴリー（品種）構成は品ぞろえの「奥行」，品目構成は品ぞろえの「幅」という。

(4) 商品構成の基本類型であるB&S型は，品種構成は広くて，品目構成は深い品ぞろえのことである。

(5) N&D型は，品種構成は狭くて，品目構成は深い品ぞろえのことである。

(6) 品ぞろえの幅を広げることを商品構成の専門化（＝専門店）という。

(7) 専業店は，1つの業種にこだわった商品を専門に取り扱う。顧客層は限定していない。

(8) 百貨店と総合品ぞろえスーパーは，衣・食・住・遊の用品を総合的（フルライン）に取り扱い，品ぞろえの幅が広いが，奥行は浅い。

(9) 総合品ぞろえスーパーとホームセンターは，ともに生活必需品が中心で，品ぞろえ面で直接的に競合する商品カテゴリーが多い。

(10) 家電量販店は，総合品ぞろえスーパー以上に豊富な品ぞろえを行う大型店が増えている。

(11) 総合品ぞろえスーパーは，スーパーセンターよりもローコスト化によって低い粗利益率に定め，低価格を訴求している。

(1) ○ **商品構成**の計画には，一定の連続性があり，商品間に関連性を保つことが重要です。

(2) ○ **大分類**（ライン），**中分類**（クラス），**小分類**（サブクラス）と細分化していきます。

(3) ✕ 逆です。品種構成が品ぞろえの「**幅**」で，品目構成が品ぞろえの「**奥行**」です。

(4) ✕ これは，B&D型のことです。B（Broad）は**広い**，S（Shallow）は**浅い**，D（Deep）は**深い**です。B&S型は，品種構成は広くて，品目構成は浅いです。

(5) ○ N（Narrow）は**狭い**です。他に，品種構成は狭くて，品目構成は浅い品ぞろえのN&S型もあります。

(6) ✕ これは，商品構成の総合化（＝総合店）です。**専門化**は，品ぞろえの幅を狭める（絞り込む）ことです。

(7) ○ **専門店**の方は，品ぞろえの幅を狭めるだけでなく，品ぞろえの幅と奥行の両方が計画的に構成され，店員に専門知識とコンサルティングセールス能力があります。

(8) ✕ 百貨店と総合品ぞろえスーパーともに，奥行も深いです。さらに，百貨店の方は，ハイグレードでファッション性が強いですから，価格も高くなります。

(9) ○ **ホームセンター**は，生活関連用品を豊富に品ぞろえし，消費者のDIY志向などの外向きの志向により，成長しています。

(10) ○ **家電量販店**は，カテゴリーキラー（特定の分野での広い品種と深い品目で低価格大量販売する業態）として成長しています。

(11) ✕ 逆です。スーパーセンターの方が総合品ぞろえスーパーよりも低価格を訴求しています。衣・食・住・遊の用品を総合的（フルライン）に取り扱います。

⑿　スーパーマーケット（SM）の品ぞろえは，幅が広くて深い。ミニスーパー（MSM）は，幅と奥行をほどよく絞り込んだ品ぞろえである。

⒀　コンビニエンスストア（CVS）は，幅広く浅い品ぞろえである。

⒁　**ロイヤルカスタマー**とは，多頻度で来店し，定番商品を何度も購入してくれる優良顧客で，上得意様とも呼ばれる。

⒂　インストアシェアとは，メーカーの商品を置いてある小売店の陳列面積の何％を占有しているかという割合である。

(12) ○ ともに青果・精肉・鮮魚などの生鮮食品に重きを置いていますが,ミニスーパーは,中小小売業が多いです。

(13) × コンビニエンスストアの品ぞろえは,幅が**狭く浅い**品ぞろえです。調理済み食品に重点を置き,便利さを提供します。

(14) ○ ロイヤルカスタマーに限らず,ワントゥワン・マーケティング(大衆ではなく,個人の顧客との関係を重視する)が重要です。

(15) ○ **インストアシェア**とは,別名**店舗内占有率**といいます。これが大きい方が,その小売店との取引量が大きく,売上高も大きいことになります。

第4章　販売計画および仕入計画の基本的技術

＜要点まとめ＞

○**売上計画**は1年間の販売方針と販売目標。

○**販売計画**には，**売上計画**を軸に，**商品展開**や**販売促進**。

○仕入に役立つ情報には，**内部情報**（社内情報）と**外部情報**（社外情報）。

○**仕入先企業の選定**には，商品を安定供給できることや契約を確実に履行できること，経営上の指導・助言ができること，的確な市場情報を提供できること，販促ツールなどのサービスを提供できること。

○**大量仕入**は，原価引き下げのメリット。仕入経費も削減。売れなかった場合は損失大。

○**随時仕入**は，手持ち在庫量が少なく，資金的には有利。発注業務の時間とコストがかかる。

○**集中仕入**（セントラルバイング）方式は，本部による一括大量仕入。

○**独立店舗経営**（支店経営）は，百貨店や専門店。

○**初期発注**は，新規や臨時の商品に関する発注。

○**補充発注**は，一定の仕入先企業から一定の条件で継続的に仕入れる。

○**定期発注方式**は発注する時期を決めておき，一定の時期ごとに発注。

○**定量発注方式**は，在庫が一定量（**発注点**）を下回ったときに発注。

○**販売物流**は，小売店と消費者との商品の受け渡し。

○**調達物流**は，仕入先から小売業の店舗に商品を届ける。

○小売業の物流には，他に社内間移動物流と返品物流。
○物流の**ジャスト・イン・タイム方式（JIT方式）**とは，必要なものを，必要なときに，必要な量だけ，必要な場所に納入。
○**物流センター**は倉庫。加工する機能も。

(1) **販売計画**は，1年間の販売方針と販売目標を設定した**売上計画**を軸に，さまざまな計画が付帯している。

(2) 仕入に役立つ情報としては，**内部情報**（社内情報）と**外部情報**（社外情報）の2つがあり，このうち内部情報は，販売動向と在庫情報が基本になる。

(3) 仕入に役立つ**社外情報**としては，業界情報だけである。

(4) **仕入先企業の選定**に当たっては，商品を安定供給できることや契約を確実に履行できることなどが求められる。

(5) **大量仕入**は，原価引下げのメリットがあり，仕入経費も削減できるが，売れなかった場合は損失も大きくなる。

(6) **集中仕入**（セントラルバイング）方式は，チェーンオペレーションの小売業の本部による一括大量仕入で，コストの削減や有利な仕入条件，全社的に統一された販売促進や在庫管理ができることといったメリットがある。

(7) 集中仕入の問題点を避けるには，店舗ごとの独自仕入方式を採用すればよい。

(8) 発注の形式で見ると，**初期発注**と**補充発注**に分類され，初期発注とは，主に定番商品などについて，一定の仕入先企業から一定の条件で継続的に仕入れることである。

(9) 補充発注には**定量発注方式**と**定期発注方式**があり，このうち定量発注方式は発注する時期を決めておき，一定の時期ごとに発注する方式である。

第4章 販売計画および仕入計画の基本的技術

(1) ○ 例えば、**商品展開**（何を、いつ、どのように売るか）や**販売促進**（イベントや広告活動）などの計画があります。

(2) ○ **内部情報**である店舗の販売情報と在庫情報は、POSシステムによって知ることができます。

(3) ✗ 業界情報の他に、産地情報・競争店調査・顧客調査・インターネットがあります。

(4) ○ その他に、経営上の指導・助言ができること、的確な市場情報を提供できること、販促ツールなどのサービスを提供できることも重要です。

(5) ○ 一方、**随時仕入**は、手持ち在庫量が少なく、資金的には有利ですが、頻繁に発注を行うために、発注業務の時間とコストがかかります。

(6) ○ **集中仕入**の問題点としては、流行品には難しいこと、個別の店舗の立地特性に合う商品購入が難しいこと、見込み違いの場合に膨大な在庫ロスが生じてしまうことがあります。

(7) ○ 大量仕入のメリットは得られなくなりますが、各店舗が独自に仕入や販売を行う**独立店舗経営**（支店経営）が百貨店や専門店で行われています。

(8) ✗ これは、**補充発注**です。**初期発注**は、新規や臨時の商品に関する発注で、そのつど契約して注文するものです。**補充発注**は、商品コードと数量を通知するだけです。

(9) ✗ これは、**定期発注方式**です。この場合は、発注量は不定で、流行品や季節性の強い商品・新商品・消耗品などの発注に適しています。
　　定量発注方式は、常に在庫数量をチェックしておき、在庫が一定量（発注点）を下回ったときに発注します。予め、発注点と発注量を決めておきます。

⑽ **調達物流**とは，小売店と消費者との商品の受け渡しのための物流活動である。

⑾ 物流の**ジャスト・イン・タイム方式**とは，必要なものを，必要なときに，必要な量だけ，必要な場所に納入する方式である。

⑿ **物流センター**とは，倉庫のことであるが，商品を補完する貯蔵機能だけでなく，商品の入荷から出荷までの流れをコントロールし，商品を運びやすいように加工する機能も備えている。

(10) ✘ これは，**販売物流**です。**調達物流**とは，仕入先企業から小売業の店舗に商品を届ける物流です。小売業の物流には，他に社内間移動物流と返品物流があります。

(11) ○ **ジャスト・イン・タイム方式**は，略して**JIT方式**とも表現されます。

(12) ○ 物流センターは，コンピュータを導入し，ジャスト・イン・タイム物流ができます。大きなチェーンストアは，物流センターの設置に取り組んでいます。
　これにより，店舗は効率的なストアオペレーションができ，配送トラックの到着回数も減らせます。

第5章 在庫管理の基本方針

<要点まとめ>

○**過剰在庫**の影響は，品質劣化，陳腐化，廃棄処分。新商品導入のタイミングも逃す。倉庫の賃借料などが発生，資金の流動性悪化，収益性低下。

○**過少在庫**の影響は，品切れ，販売機会を失う。

○**在庫管理**の目的は，在庫となっている資金の有効運用。

○在庫管理は，①将来の需要の的確な予測，②適正な時期と数量の発注，③適正な原価の確保，④適正な在庫レベルの維持。

○**単品管理**は，過剰・過少在庫を起こさないために，どのような方法で発注すればよいかを決めること。

○**総枠管理**は，売上目標の達成に，いつどのくらいの量の仕入が必要かを総枠で決めること。

○**入出庫管理**は，在庫をコントロール。

○**重点管理**とは，在庫を合理的，効率的に管理するために，どのようにすればよいかを検討すること。

○**ダラーコントロール**は，金額による在庫管理。

○**ユニットコントロール**は，数量による在庫管理。

○**商品回転率**は，一定期間に手持ち商品が何回転するか。

○**商品回転率(回)＝年間売上高÷商品在庫高**。

○商品在庫高は，期末商品棚卸高または，平均値。

○**商品回転期間(日)＝1年(365日)÷商品回転率**。

○**交差比率(％)＝粗利益率(％)×商品回転率(回)**。

○**商品ロス**は，帳簿在庫と実地棚卸による在庫との差で，**値下げロス，商品廃棄ロス，棚卸ロス**。

- **棚卸ロス**は，帳簿在庫と実地棚卸高との差額のロスで，品減り，棚卸損ともいう。
- **棚卸ロス**の原因は，万引きなどの外部要因と，店員の不正行為や棚卸ミスなどの内部要因。

(1) **過剰在庫**の影響としては，品質が劣化する他，流行遅れとなって陳腐化し，廃棄処分が検討されることになる。また，新商品導入のタイミングも逃すことになる。

(2) **過少在庫**の影響としては，品切れを起こして，販売機会を失うことが大きい。

(3) **在庫管理**の目的は，在庫となっている資金を有効に運用することで，利益の源になるように管理することである。

(4) 在庫管理の体系のうち**総枠管理**とは，過剰・過少在庫を起こさないためには，どのような方法で発注すればよいかを決めることである。

(5) 在庫管理の体系のうち**重点管理**とは，在庫の種類によって管理の方法やウェイトを変え，商品の入・出庫を正確に把握し，在庫をコントロールすることである。

(6) 在庫管理の方法には，金額による在庫管理と数量による在庫管理の2つがあり，金額による在庫管理をユニットコントロールという。

(7) **商品回転率**とは，一定期間に手持ち商品が何回転するかを表している。

(8) **商品回転率(回)** ＝商品在庫高÷年間売上高である。

(9) 商品回転率の計算式における商品在庫高は，期末商品棚卸高を使う場合と，平均値を使う場合がある。

(1) ◯ その他に、倉庫の賃借料などが発生し、大量に仕入れたことによって資金の流動性が悪化し、収益性も下がります。

(2) ◯ その他に、品ぞろえの不備により信用を失い、緊急発注の場合は単価の高い商品の購入につながり、品切れのトラブルに人材を投入すれば、生産性が低下します。

(3) ◯ 在庫管理には、4つの業務があります。①将来の需要の的確な予測、②適正な時期と数量の発注、③適正な原価の確保、④適正な在庫レベルの維持。

(4) ✕ これは、**単品管理**です。**総枠管理**とは、売上目標を達成するためには、いつどのくらいの量の仕入が必要になるのかを総枠で決めることです。

(5) ✕ これは、**入出庫管理**です。**重点管理**とは、在庫を合理的、効率的に管理するために、どのようにすればよいかを検討することです。

(6) ✕ 2つあるのは本当です。ともに、一定期間の金額または数量による在庫管理の方法です。しかし、金額による在庫管理は**ダラーコントロール**といいます。**ユニットコントロール**とは、数量による在庫管理のことで、品種ごとにどの品目が何個売れたかを把握し、ダラーコントロールを補完します。

(7) ◯ **商品回転率**が高いほど、投下した資本を早く回収できることを意味し、資本効率が高いということになります。

(8) ✕ **商品回転率(回)＝年間売上高÷商品在庫高**です。在庫の商品が、年間で何回転するかを示します。

(9) ◯ 平均値は、期首商品棚卸高と期末商品棚卸高との平均を使う場合と、12か月分の月末商品棚卸高の平均を使う場合があります。

⑽　商品回転期間(日)＝1年(365日)÷商品回転率である。

⑾　交差比率(％)＝粗利益率(％)÷商品回転率(回)である。

⑿　**商品ロス**とは，帳簿在庫と実地棚卸で明らかになった在庫との差である。
⒀　**棚卸ロス**とは，帳簿在庫と実地棚卸高との差額のロスであり，品減り，棚卸損ともいう。

(10) ○ 商品回転期間(日)は，販売に必要な日数，または1日の売上高に対して何日分の在庫があるかを示します。

(11) ✕ ÷ではなく，×です。交差比率(%)＝粗利益率(%)×商品回転率(回)です。交差比率は在庫の生産性を表し，数値が高いほど，商品の販売効率がよいです。

(12) ○ 商品ロスには，値下げロス，商品廃棄ロス，棚卸ロスがあります。

(13) ○ 棚卸ロスの原因としては，万引きなどの外部要因と，店員の不正行為や棚卸ミスなどの内部要因があります。

第6章 販売管理の基本的役割

＜要点まとめ＞

○**販売管理**とは，販売計画を策定し，販売活動を指揮・統制。

○販売管理の目標は，販売分析と販売計画に重きを置き，販売活動を管理。重要なのは，POSデータを活用した単品管理の徹底。

○**POS**（Point Of Sales）**システム**は販売時点管理システム。

○**単品管理**は，単品レベルの売れ行き動向を詳細に分析・管理。

○**PLU**（価格検索）**方式**は，バーコードを読み取るだけで商品名や価格を問い合わせ，レジで簡単精算。

○POSのその他の特徴には，販売時点でのリアルタイムな情報収集と，その情報の集中管理。

○**ストアコントローラ**は，集められたデータを利用して各種の情報管理と分析を行うパソコン。

○**POSターミナル**は，レジ。入出金とレシート発行の他，データ処理。

○**Non PLU**は，POSターミナル本体で価格検索処理。バーコードに価格記録。

○JANコードは，13桁の標準タイプと8桁の短縮タイプ。

○**インストアマーキング**は，小売業が販売するときに売場でJANコードを表示。

○**ソースマーキング**は，メーカー側がJANコード表示。

○ITF-14は，物流用の集合包装用商品コード。

(1) **販売管理**とは，適切な販売計画を策定し，それによって市場調査や店舗施設管理，商品計画，販売促進などの販売活動を指揮・統制することである。

(2) 販売管理の目標は，商品カテゴリー別の販売分析と販売計画に重きを置き，販売活動の管理を行うことである。

(3) POSとは，Point Of Salesの略で，**POSシステム**は販売時点管理システムといわれる。

(4) POSの特徴であるPLU（Price Look Up）とは，1つの品目におけるサイズや容量，色などが異なる単品レベルの売れ行き動向を詳細に分析・管理することである。

(5) POSのその他の特徴としては，販売時点でのリアルタイムな情報の収集と，その情報の集中管理がある。

(6) POSターミナルは，集められたデータを利用して各種の情報管理と分析を行うパソコンである。

(7) PLUは，POSターミナル本体で価格検索処理を行うもので，バーコードに価格が記録してある。

(8) JANコードは，13桁の標準タイプと8桁の短縮タイプがある。

(9) 13桁の標準タイプのJANコードは，国コード2桁を含めて9桁の企業（メーカー）コードと7桁の企業（メーカー）コードがある。

第6章 販売管理の基本的役割

(1) ◯ 販売管理に必要な，適切な販売計画を策定するためには，小売業の販売活動に関連する各種の資料を収集，整理，分析する必要があります。

(2) ◯ 販売活動の管理で最も重要なのは，POSデータを活用した単品管理の徹底です。

(3) ◯ POSシステムの最大の特徴は，光学式自動読取り方式のレジスターで各種の情報をコンピュータに送り，その情報を有効利用することです。

(4) ✕ これは，POSの特徴である**単品管理**です。PLUは価格検索と訳されます。
　PLU方式とはバーコードを読み取るだけでコンピュータに商品名や価格を問い合わせ，レジで簡単に精算することです。

(5) ◯ 販売データは常に最新のものです。また，チェーン組織では，本部がPOSデータを収集・分析することで，チェーン全体の管理・計画に活かしています。

(6) ✕ このパソコンは，**ストアコントローラ**です。**POSターミナル**は，結局はレジのことで，入出金とレシート発行の他，データ処理の機能もあります。

(7) ✕ これは，Non PLUです。PLU（Price Look Up，価格検索）では，価格はバーコードではなく，ストアコントローラに保存してあります。POSターミナルがバーコードを読み取ってからストアコントローラに問い合わせ，返ってきた価格をレシートに印字します。

(8) ◯ 共通するのは，先頭の国コードが2桁であることと，末尾のチェックディジットが1桁であることです。

(9) ◯ 企業コードが9桁なら商品アイテムコードは3桁，企業コードが7桁なら商品アイテムコードは5桁で，これに1桁のチェックディジットを加えて13桁です。

⑽　ソースマーキングとは，小売業が販売するときに売場でJANコードを表示することである。

⑾　JANコードは日本での名称で，国際的にはEANコードであるが，日本のPOSは，アメリカやカナダで使われているUPC（12桁）を読み取ることができない。

⑿　物流用に使われる集合包装用商品コードは，ITF-14という。

(10) ✗ これは，インストアマーキングです。ソースマーキングとは，メーカー側が製造して出荷する段階で予めJANコードを表示しておくことです。

(11) ✗ EANコードはよいのですが，日本のPOSでも12桁のUPCを読み取ることができます。

(12) ○ 先頭1桁がインジケータ，次の12桁がJAN企業（メーカー）コードを含み，末尾の1桁がチェックディジットです。国際的には，GTIN-14です。

第7章　価格設定の基本的考え方

<要点まとめ>

○**コストプラス法**は，仕入原価にコストと利益をプラス。
○**マーケットプライス法**は，一定の地域ごとに消費者の立場で価格を設定する方法。
○競争を意識した価格設定法は，**ストアコンパリゾン**（競合店調査）により，ライバル店に負けない価格に設定。
○**割引価格政策**は，通常の価格から，金額を差し引く。
○**正札政策（通常価格）**は，通常の価格で販売。
○**端数価格政策**は，価格の末尾に8や9などをつけ，安い印象。
○**慣習価格政策**は，慣習として馴染んだ価格。
○**名声価格政策（プレステージ価格政策）**は，高級品に高価格。高価格が1つのブランド力。
○**段階価格政策**は，高級・中級・普及品と3段階。
○**見切価格政策**は，売れ残り・はんぱ物・きず物などを安い価格に設定。
○**均一価格政策**は，同一の低価格。
○**特別価格政策**は，目玉商品。来店客の増加を狙う。
○**オープン価格**は，小売業が自主的に販売価格決定。
○**再販売価格維持行為**とは，転売価格（再販売価格）を指示。独占禁止法で禁止（新聞と書籍は例外）。
○**単位価格（ユニットプライス）表示**は，単位当たりの換算価格（ユニットプライス）を表示。
○**二重価格表示**は，メーカーの希望小売価格（あるいは通常価格）と値下げした販売価格の2つを表示。
○**バーゲン価格**は，大幅に値下げした価格。

○**プライスライン（価格線）**は，1つの品種の中で，品目ごとにつけられたバラバラな価格の種類。
○**プライスゾーン**は，品種ごとの価格の上限と下限の範囲。
○**プライスポイント**は，**値頃点**。陳列数量が最も多く，最も多く売れている品目の価格のこと。
○**ハイ・アンド・ロープライス**は，商品の売価を週間単位で上げたり下げたり。
○**エブリディ・ロープライス**とは，毎日，大部分の商品を，競争店よりも低価格に設定。
○**一物多価（割引）**は，まとめて買った方が安く，複数の売価を表示。
○**ロスリーダー価格**とは，仕入原価を下回る安い売価を，一定期間のみ設定。
○**ワンプライス**は，商品すべての売価を均一価格。

(1) 価格設定の方法には，コストに応じた方法（**コストプラス法**）と，地域需要に応じた価格設定法（**マーケットプライス法**）と，競争を意識した価格設定法の3つがある。

(2) 正札政策は，通常の価格から，金額をいくらか差し引いて販売する。

(3) **端数価格政策**は，価格の末尾に8や9などの数字をつけ，安い印象を与えようとする。

(4) **慣習価格政策**は，慣習として馴染んでしまった価格を使う。

(5) 段階価格政策は，高級品に高価格を設定することで顧客に高品質を連想させ，高価格を1つのブランド力とする方法である。

(6) 均一価格政策は，売れ残り・はんぱ物・きず物などを安い価格に設定する方法である。

(7) 特別価格政策は，目玉商品など，特定の商品に対して極めて安い価格を設定し，来店客の増加を狙う。

(8) 再販売価格維持行為とは，メーカーが希望小売価格を示すことなく，小売業が自主的に販売価格を決めて表示することである。

(9) 二重価格表示とは，単位当たりの換算価格（ユニットプライス）を表示することである。

(10) バーゲン価格とは，通常の価格から大幅に値下げした価格である。

(1) ○ **コストプラス法**は，仕入原価にコストと利益をプラスする方法で，**マーケットプライス法**は，一定の地域ごとに消費者の立場で価格を設定する方法です。3番目の方法は，ストアコンパリゾン（競合店調査）により，ライバル店に負けないような価格に設定する方法です。

(2) ✗ これは，**割引価格政策**です。**正札政策**は，**通常価格**ともいい，どの消費者に対しても通常の価格で販売する方法です。

(3) ○ 例えば，298円は300円とほとんど変わらないのに，300円よりもだいぶ安いような気になります。これで，販売量を増加させます。

(4) ○ この**慣習価格**を壊さない価格設定を行い，容量で割安感を演出しようとする方法です。

(5) ✗ これは，**名声価格政策（プレステージ価格政策）**です。**段階価格政策**は，高級・中級・普及品と3段階を設けます。売れ筋は中級です。

(6) ✗ これは，**見切価格政策**です。**均一価格政策**は，原価の異なる商品に同一の低価格をつける方法です。100円均一ショップがこれです。

(7) ○ 特別な価格だから**特別価格政策**です。来店客の増加により，それ以外の商品の売上アップを狙います。

(8) ✗ これは，**オープン価格**です。**再販売価格維持行為**とは，商品を転売するときに，メーカーが価格を維持することを目的に，転売価格（再販売価格）を指示することです。独占禁止法で禁止されている行為ですが，例外的に新聞と書籍では認められています。

(9) ✗ これは，**単位価格（ユニットプライス）表示**です。**二重価格表示**は，メーカーの希望小売価格（あるいは通常価格）と値下げした販売価格の2つを表示します。

(10) ○ **バーゲン価格**により集客力を高め，購買をアップさせることを狙います。

⑾　プライスゾーン（価格帯）は，1つの品種の中で，品目ごとにつけられたバラバラな価格の種類のことで，あまり細かいと買物がしにくい。

⑿　プライスポイントは，プライスラインの中で陳列数量が多い割に，あまり売れていない品目の価格である。

⒀　エブリディ・ロープライスとは，チラシ広告などを使い，商品の売価を週間単位で上げたり下げたりし，特定日には通常価格を大きく下回る売価にする。

⒁　ロスリーダー価格とは，1個よりも2個，3個とまとめて買った方が安く，箱単位で買えばもっと安いという複数の売価を表示する方法である。

⒂　ワンプライスとは，商品すべての売価を均一価格に設定することである。

(11) ✗ これは、**プライスライン（価格線）**です。**プライスゾーン**は、品種ごとの価格の上限と下限の範囲のことで、価格帯をどうするかは重要な戦略です。

(12) ✗ **プライスポイント**は、**値頃点**ともいい、陳列数量が最も多く、最も多く売れている品目の価格のことです。

(13) ✗ これは、**ハイ・アンド・ロープライス**という、日本の伝統的な価格設定法です。
　　エブリディ・ロープライスとは、毎日、大部分の商品を、競争店よりも低価格に設定します。その結果、その店舗で1年間買物すれば、トータルの購入金額が他の店舗より小さくなるという戦略です。

(14) ✗ これは、**一物多価（割引）**です。**ロスリーダー価格**とは、場合によっては仕入原価を下回る安い売価を、一定期間のみ設定することです。

(15) ○ **ワンプライス**とは**単一価格**という意味で、均一価格になります。顧客に対して安いと思わせる心理的効果と販売促進効果があります。

第8章　利益追求の基本知識

<要点まとめ>
○粗利益(売上総利益)＝売上高－仕入原価。
○値入高＝売価(仕入売価)－仕入原価。
○売価値入率＝値入高÷売価×100[％]。
○売価値入率＝(仕入売価－仕入原価)÷仕入売価×100[％]。
○平均値入率＝値入高合計÷仕入売価×100[％]。
○粗利益率＝粗利益高÷売上高×100[％]。

(1) 粗利益＝売上高－仕入原価である。

(2) 値入高＝仕入原価－売価である。

(3) 値入高が300円で売価が1,000円なら，300÷1,000×100＝30％なので，売価値入率＝30％である。

(4) 仕入売価1,000円，仕入原価600円なら，600÷1,000×100＝60％なので，売価値入率＝60％である。

(5) 部門別での値入率は，**平均値入率＝値入高合計÷仕入売価×100[％]** である。

(6) **粗利益率＝粗利益高÷売上高×100[％]** である。

(1) 〇 売上高＝売価×販売数量であり，粗利益のことを**売上総利益**ともいいます。

(2) ✕ 値入高は仕入原価と売価との差額ですが，**値入高＝売価（仕入売価）－仕入原価**です。

(3) 〇 売価値入率＝値入高÷売価×100［％］ですから，確かに300÷1,000×100＝30％になります。

(4) ✕ 売価値入率＝（仕入売価－仕入原価）÷仕入売価×100［％］なので，（1,000－600）÷1,000×100＝400÷1,000×100＝40％です。

(5) 〇 部門別では，値入率が**平均値入率**に，値入高は**値入高合計**に，呼び名が変わります。単品に数量が加算された場合も同様です。

(6) 〇 粗利益高は，ロスや値引高を引いた後の利益です。普通は，値入高よりも小さくなります。ロスが発生したり，値下げしたりするからです。

第 3 部

ストアオペレーション

第1章　ストアオペレーションの基本的役割

<要点まとめ>

○売上が増えない原因は，①売れる商品が売場にない，②売れる商品はあるが，何らかの理由で売れない状態にある，③売れない商品が売場を占めている。

○店舗の運営において発生するロスとしては，作業のロス，経費のロス，商品ロス，その他のロスがある。

○**クリンリネス**を実践する**３S**は，**清掃・整理・整頓**。

○チェッカーの接客の度合いによって，顧客の来店頻度や売上高に影響を及ぼす。

○補充発注とは，売れた商品を売場に必要な数だけ補充すること。

○EOS(Electronic Ordering System，電子発注方式) は，補充発注システム。

○**EOB（電子発注台帳）方式**は，GOTで発注。

○EOSの発注入力方法は，**オーダーブック・スキャン方式**と**値札スキャン方式**と**EOB方式**。

○EDI（Electronic Data Interchange）は**電子データ交換**。インターネットを利用するものは**Web-EDI**。

○**荷受**は仕入先企業から配送された商品の受取。

○**検収**は，間違いなく納品されたかをチェック。

○**品出し**は，補充。

○**前進立体陳列**は，通路側に出して並べ，取りやすくする。

○**先入れ先出し陳列**は，古い商品を前面に，新しい商品を奥に。

○**前出し作業**は，商品を整え，少ない数量で量感。

○**POP広告**は，店頭や陳列棚などの広告。

○欠品や品薄が発生する原因は，①担当者の発注ミス，②爆発的・予想外の売れ行き，③仕入先企業（サプライヤー）の未納・遅納。

○**ピクトグラム**は，案内用の絵文字。
○ミーティングの目的は，目標達成への意思統一。
○**サービス係**は，顧客の要望に対応。
○**サッカー**は，包装または袋詰め。
○**キャッシャー**は，金銭授受のみを行う。
○**チェッカー**は，商品をスキャンして金銭授受。
○**対面販売**は，顧客と対面し，説明を行って商品を提案し，代金精算まで。
○**側面販売**は，顧客と同じ側に立って説明・販売。
○包装は，商品価値を高める**個装**，外部圧力から守る**内装**，輸送に必要な**外装**の3つ。
○**斜め包み**は，回転しながら包み込む。他に**ふろしき包み**（ス クエア包み）と**合わせ包み**（キャラメル包み）。
○**弔事（不祝儀）は左前（左扉）**，**慶事（祝儀）は右前（右扉）**。
○**分割包装**は，別々に包む。
○**らせん型包装**は，回しながら包む。
○ひものかけ方には，十文字，N字，キの字など。
○水引きの色は，**慶事**の場合は紅白または金銀で，**弔事**の場合は黒白または銀白・黄白。
○水引きの結び方で**結び切り**は，そのことが二度と繰り返されないように。何回もそのことが繰り返されて欲しい場合は，**蝶結び**。
○**あわじ結び**とは，結び切りの一種。
○のしは，のしあわびを形式化したもの。
○掛け紙は，檀紙または奉書紙。
○掛け紙の表書きの墨の色は，慶事は濃く，弔事は薄く。
○のし紙がはみ出るときは，切らずに折り曲げる。
○慶事でも，品物が魚のときは，のしはつけない。

(1) 売上が増えない原因としては,①売れる商品が売場にない,②売れる商品はあるが,何らかの理由で売れない状態にある,③売れない商品が売場を占めている,の3つある。

(2) 店舗の運営において発生するロスとしては,作業のロス,経費のロス,商品ロス,その他のロスがある。

(3) クリンリネスとは掃除・清掃のことで,クリンリネスを実践する3Sとは,仕事・整理・整頓である。

(4) レジのチェッカー(精算業務担当者)は,お金のやり取りをするだけなので,顧客の来店頻度や売上高に影響を及ぼすことはない。

(5) 補充発注とは,売れた商品(主に定番商品)を売場に必要な数だけ補充するために,仕入先企業に発注することである。

(6) **EOS**(Electronic Ordering System,電子発注方式)は,補充発注システムといわれる。

(7) EOSの発注入力方法は,**オーダーブック・スキャン方式**と**値札スキャン方式**の2つである。

(8) **EDI**(Electronic Data Interchange)は**電子データ交換**といわれ,異なる企業などの間でやり取りする情報を,専用回線を使ってコンピュータ同士で電子的に交換する方式である。

(9) メーカーや卸売業などの仕入先企業(サプライヤー)から配送された商品の受取のことを検収という。

(10) **品出し**とは,商品が売れて,什器に商品残量が少なくなったときに,バックルームなどから商品を運んで補充することである。

(1) ◯ ①としては，発注ミスや遅納などによる品切れなどがあります。
②としては，消費者の認識不足，販売方法の不備，店舗のイメージの悪さなどがあります。
③としては，死筋商品などによるものです。

(2) ◯ その他のロスとしては，万引きの他，地震や台風といった天災によって商品を損失することがあります。

(3) ✕ クリンリネスを実践する３Ｓとは，清掃・整理・整頓です。

(4) ✕ チェッカーの接客の度合いによって当該店舗に対する顧客の印象が左右され，顧客の来店頻度や売上高に影響を及ぼします。

(5) ◯ 補充発注の目的は，欠品や過剰在庫の発生を防止し，適正な数量の品ぞろえを維持することにあります。

(6) ◯ スーパーマーケットやコンビニエンスストアでは，GOT（グラフィック・オーダー・ターミナル）という携帯端末を使用して発注するEOB（電子発注台帳）方式を採用しています。

(7) ✕ この他に，ターミナル入力データを内蔵する方式（EOB方式）があります。

(8) ◯ EDIにより，取引にかかわるデータをペーパーレスで伝達することができ，効率的な発注・受注体制が確立されます。
また，専用回線ではなくインターネットを利用するものをWeb-EDIといい，導入が容易で手軽です。

(9) ✕ 受取は，荷受です。検収は，発注した商品が間違いなく納品されたかをチェックする作業のことです。

(10) ◯ 補充はリセットともいいます。売れた商品を速やかに補充することは，店舗運営の基本です。

⑾　補充作業の2つの作業のうち，先入れ先出し陳列とは，商品を顧客の側つまり通路側に出して並べ，顧客が商品を取りやすくする陳列手法である。

⑿　前出し作業とは，陳列棚で商品が乱れたときなどに，商品を手直しして整え，少ない数量で量感を出す作業である。

⒀　POP広告とは，新聞に挟んで新聞と一緒に配達してもらう，紙に印刷された広告である。

⒁　欠品や品薄が発生する原因は，①担当者の発注ミスと②爆発的・予想外の売れ行きの2つである。

⒂　ピクトグラムとは，案内用の絵文字のことである。

⒃　ミーティングの目的の第1は，目標達成に向けての意思統一である。

⒄　サッカーとは，レジ周辺を注意しながら，顧客の要望に対応する役割である。

⒅　チェッカーとは，金銭授受のみを行う役割である。

⒆　セルフサービスとは，コンビニエンスストアに代表されるように，顧客が自分自身で商品を選択し，自分でレジまで運んで代金を支払う方式である。

⒇　側面販売とは，百貨店や時計宝石店などのように，顧客と対面し，説明を行って商品を提案し，代金精算まで行う販売方式である。

(11) ✗ これは，**前進立体陳列**です。**先入れ先出し陳列**では，先に仕入れた商品，つまり古い商品を前面の取りやすい位置に並べ，新しい商品を奥に並べます。

(12) ◯ **前出し作業**は，最寄品のセルフサービス販売の売場において，商品を補充するときなどに合わせて行われます。

(13) ✗ これは，折込チラシ広告です。**POP広告**とは，店頭や陳列棚など，購買が行われる場に出される広告のことで，主に手書きの，さまざまな色のペンを使ったメモです。

(14) ✗ この他に，③仕入先企業（サプライヤー）の未納・遅納があり，全部で3つです。

(15) ◯ **ピクトグラム**とは，例えば，車いす用のスロープを示したり，男子トイレと女子トイレを識別したりするための絵文字です。

(16) ◯ この他に，本部における決定事項の報告・連絡，従業員のやる気・モラルを引き出すことがあります。

(17) ✗ これは，**サービス係**です。**サッカー**とは，包装または袋詰めをする役割です。

(18) ✗ 金銭授受のみを行うのは，**キャッシャー**です。**チェッカー**とは，商品をスキャンして金銭授受を行う役割です。

(19) ◯ **セルフサービス**は，顧客が自分の判断で商品を選択できる商品で，スーパーマーケットなど，比較的低価格の商品の販売に適しています。

(20) ✗ これは，**対面販売**です。**側面販売**は，対面販売と似ていますが，絵画や家具など，顧客と同じ側に立って説明し，販売を行う方式です。

⑴ レジ係は、ポイントカードを提示された場合、間違いのないように、つり銭と一緒に返すのが基本である。

⑵ 顧客に待ってもらったときは、「大変お待たせしました」という。

⑶ 包装とは、物品の輸送、保管などに当たって、価値および状態を保護するために適当な材料、容器などを物品に施す技術および施した状態のことである。

⑷ 斜め包みは、箱を回転しながら包み込むので、手早くきれいに包め、破れにくく丈夫で、フォーマルな包装である。

⑸ 合わせ包みは、回転させられない、あるいは高さのある箱の場合に、箱の底面を上にして、包装紙の対角線の中央に置き、紙の4つの角を立ち上げて包む包装である。

⑹ 慶事（祝儀）の包み方は、贈答品を裏返したとき、向かって左側が上に重なる左前（左扉）という方法で包装する。

⑺ らせん型包装は、T型定規のような商品を、頭の部分と細長い柄の部分を別々に包む包装である。

⑻ ひものかけ方には、十文字、N字、キの字などがある。

⑼ **水引き**の色は、慶事の場合は黒白または銀白・黄白で、弔事の場合は紅白または金銀である。

⑽ 水引きの結び方は、何回もそのことが繰り返されて欲しい場合は「結び切り」を使う。

(21) ✕ ポイントカードは，つり銭とは別に返すのが基本です。

(22) ✕ 正しくは，「大変お待たせいたしました」といいます。待ってもらうときは，「恐れ入りますが，少々お待ちください」といいます。

(23) ○ 包装には，商品価値を高める**個装**，外部圧力から守る**内装**，輸送に必要な**外装**の3つがあります。

(24) ○ 斜め包みは，回転包みともいいます。高さのある箱や正方形の箱は包みにくいので，「ふろしき包み」や「斜め合わせ包み」を用います。

(25) ✕ これは，**ふろしき包み（スクエア包み）**です。
合わせ包み（キャラメル包み）は，箱を包装紙の中央に置き，回転させずに裏返して上になった底面で左右の包装紙を合わせて包装します。そのため包装を開きやすく，パーソナルギフトなどに用いられます。

(26) ✕ **左前（左扉）**という方法で包装するのは，**弔事（不祝儀）**です。
慶事（祝儀）の包み方は，贈答品を裏返したとき，向かって右側が上に重なる**右前（右扉）**という方法で包装します。

(27) ✕ これは，**分割包装**です。**らせん型包装**は，棒状の商品を，細長く切った包装紙を商品に斜めに巻き，商品をくるくる回しながら包みます。

(28) ○ ひもがゆるまないコツは，包装台から商品を突き出して，商品の角でひもを結ぶことです。

(29) ✕ 逆です。**慶事**の場合は紅白または金銀で，**弔事**の場合が黒白または銀白・黄白です。

(30) ✕ **結び切り**は，そのことが二度と繰り返されないようにという祈りを込めて使います。何回もそのことが繰り返されて欲しい場合は，**蝶結び**を使います。

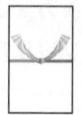

⑶1 あわじ結びとは,結び切りの一種で,二度と繰り返されて欲しくないことに用いる。

⑶2 のしは,のしあわびを形式化したもので,色紙を細長く六角形に折り,その中にのしあわびの小片に見立てた黄色い紙を貼ったものである。

⑶3 掛け紙は,檀紙または奉書紙を用いる。

⑶4 掛け紙の表書きの墨の色は,慶事は薄く,弔事は濃い墨で書く。

⑶5 のし紙が品物よりはみ出るときは,切らずに下から折り曲げる。

(31) **○ あわじ結び**は，左右の輪が互いに結び合い，両端を持って引くと，なおのこと強く結ばれます。

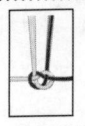

(32) **○ のしあわび**は，あわび（鮑）の肉を細く長く切り，伸ばして干したもので，元は儀式用の肴に用い，後に贈り物に添えるようになりました。

(33) ○ 正式には，檀紙または奉書紙ですが，半紙や白紙を用いることもあります。

(34) ✕ 逆です。慶事は濃く，弔事は薄く，です。弔事は，悲しみの涙で墨が流れたというイメージです。文房具店で，弔事用の薄い筆ペンを売っています。

(35) ○ また，慶事の場合でも，品物が魚のときは，のしはつけません。

第2章　ディスプレイの基本的役割

＜要点まとめ＞

○**ディスプレイ**は、購買に結び付ける演出技術。

○ディスプレイの評価基準は、①見やすいか、②触れやすいか、③選びやすいか、④豊富感があるか、⑤魅力的か、⑥効率的か。

○商品を見やすくディスプレイする留意点は、①フェイスを正しく整えること、②右側に大容量商品、③後方に大型商品。

○**ゴールデンライン**は、床上85cm～125cm。

○**平台陳列**は、最も広く使用され、バーゲンセールだけでなく高価な商品の販売にも。

○**ハンガー陳列**は、衣料品。

○**フック陳列**は、フック用にパッケージされた商品。

○**ゴンドラ陳列**は、陳列台を用いた陳列。

○**ショーケース陳列**は、ケースの中。

○**ボックス陳列**は、箱を積み重ねたような陳列什器。

○**ステージ陳列**は、クローズアップ・ポイント。

○**カットケース陳列**は、ダンボール箱を利用。

○**エンド陳列**は、ゴンドラのエンド（端の部分）。

○**コーディネート陳列**は、組み合わせて調和。

○**ジャンブル陳列**は、**投げ込み陳列**。

○**サンプル陳列**は、見本品をディスプレイ。

○**オープン陳列**は、裸陳列。

○**レジ前陳列**は、セルフサービスの集中レジの前。

○**壁面陳列**は、壁面を利用。

○**島（アイランド）陳列**は、平台やカゴ。

○**三角構成**は，ディスプレイ・スペースの全体を，立体的三角形。
○**リピート構成**は，繰り返し。
○**カラーコーディネートのポイント**は，①遠くから目立つ，②テーマカラーで統一，③色調を統一，④アクセントカラー，⑤カラー・ライゼーションのルール（規則性を持たせること）。
○**ビジュアルマーチャンダイジング**は，視覚効果。
○**セパレーション**は，分離させて，メリハリ。
○**カラーコントロール**は，色を分類整理して店舗固有の全体イメージを醸成。
○**グラデーション**は，少しずつ色を変えていくこと。
○**アクセントカラー**は，注目を集める**強調色**。
○**フォールデッド**は，商品を折りたたんで見せる。
○**ハンギング**は，ハンガーに掛けた状態。
○**スリーブアウト**は，サイド（袖）を見せる。
○**フェースアウト**は，正面を見せる。
○**トルソー**は，胴体のマネキン。
○**ライザー**とは，陳列補助器具。
○**プロップ**は，演出小道具。
○**アブストラクトマネキン**は，身体の一部。
○**リアルマネキン**は，人間の体をリアルに再現。
○**スカルプチュアマネキン**は，頭部を彫刻的につくったマネキン。

(1) ディスプレイとは，商品の価値を生活提案という形に置き換え，ターゲットである顧客に正しく訴求し，より多くの購買に結び付ける演出技術である。

(2) ディスプレイの評価基準は，①見やすいか，②触れやすいか，③選びやすいかの3つの事項に要約できる。

(3) 商品を見やすくディスプレイする留意点は，①フェイスを正しく整えることと②左側に大容量商品をディスプレイすることである。

(4) ゴンドラ・ディスプレイにおいては，床上60cm～170cmまでの部分を**ゴールデンライン**（顧客にとって，最も商品を取りやすいゴンドラの位置）と呼んでいる。

(5) **ハンガー陳列**は，衣・食・住の3部門にわたり，最も広く使用され，バーゲンセールだけでなく高価な商品の販売にも活用されてきている。

(6) **ゴンドラ陳列**は，フック用にパッケージされた商品をフックバーにかけてディスプレイするため，文具や家電用品などの他に，菓子などにも利用される陳列です。

(7) **ボックス陳列**は，商品をケースの中に納めておき，顧客の要求に応じてその商品を取り出して見せる方式で，いろいろな商品の陳列に幅広く利用されている。

(8) **カットケース陳列**は，店内においてクローズアップ・ポイント（集視ポイント）をつくることを狙いとするため，売場にステージ（舞台）をつくる陳列である。

(9) **エンド陳列**は，ゴンドラのエンド（端の部分）に商品を大量に積み上げる陳列で，ついで買いを誘うのが目的である。

(1) **〇** 効果的で適切な**ディスプレイ**とは、ライフスタイルを提案するテーマに基づいて商品を訴求し、効果的な販売につなげることです。

(2) **✗** この他に、④豊富感があるか、⑤魅力的か、⑥効率的かの3つがあり、合わせて6つの事項になります。

(3) **✗** ①はよいのですが、②大容量商品は**右側**にディスプレイします。そして、③後方に大型商品をディスプレイします。

(4) **✗** 床上60cm～170cmまでは、有効範囲です。**ゴールデンライン**は、床上**85cm～125cm**までの部分です（天井高や什器高の違いにより微妙に変化する）。

(5) **✗** これは、**平台陳列**です。**ハンガー陳列**は、衣料品に最も多く利用され、畳んでディスプレイする必要がないので、作業効率がよく、作業時間を軽減することができます。顧客にとっても、商品が手に取りやすいです。しかし、裸陳列のため、商品のほこりなどは常にはたきをかけることが大切です。

(6) **✗** これは、**フック陳列**です。**ゴンドラ陳列**は、陳列台を用いた陳列のことで、主に最寄品の定番商品を主体に置き、多数のアイテムを分かりやすく訴求する陳列です。

(7) **✗** これは、**ショーケース陳列**です。**ボックス陳列**は、いくつかの箱を積み重ねたような仕切りをした陳列什器に、それぞれの分類基準に従って商品をディスプレイするため、主に衣料品で利用されている陳列です。

(8) **✗** これは、**ステージ陳列**です。**カットケース陳列**は、商品の入っているダンボール箱を利用するため、食品や飲料水、日常必需品などが対象となる陳列です。

(9) **✗** エンド陳列の定義はよいのですが、目的は、定番商品をディスプレイしているゴンドラの通路に顧客を誘引することです。

⑽ **ジャンブル陳列**とは，複数の異なる商品を組み合わせて全体を調和させる方法で，どのように使うかという用途のアドバイスを狙いとしたディスプレイで，また，関連商品をまとめて買ってもらい，購買単価を上げていく狙いも持った関連陳列といえる。

⑾ **オープン陳列**は，見本品をディスプレイする陳列である。

⑿ **レジ前陳列**は，セルフサービス方式を採用している店舗の集中レジの前の陳列である。

⒀ **島（アイランド）陳列**は，壁面を利用してディスプレイする最もポピュラーな陳列である。

⒁ 空間コーディネートの**三角構成**とは，ディスプレイ・スペースの全体を，立体的三角形を意図した枠にまとめる方法である。

⒂ 空間コーディネートの**リピート構成**とは，同じ陳列展開を繰り返して，品ぞろえ全体をひと目で分かりやすく主張する構成である。

⒃ カラーコーディネートして売場を演出するポイントは，①遠くから目立つこと，②テーマカラーで統一すること，③色調を統一すること，の３つである。

⒄ ビジュアルマーチャンダイジングとは，売場で重点商品をどのように主張するかという視覚効果などを意味する。

⒅ **カラーコントロール**とは，商品を分離させることで，メリハリをつけることを意味する。コントラストが強すぎるときは，間に無彩色を挟み込んで印象を和らげる配色の方法である。

◆101◆

(10) ✘ これは、**コーディネート陳列**です。**ジャンブル陳列**は、商品をわざとバラバラにして投げ込んだような方法で、**投げ込み陳列**とも呼ばれます。

(11) ✘ これは、**サンプル陳列**です。**オープン陳列**は、**裸陳列**ともいわれ、顧客が自由に触れられるようにする方法で、セルフセレクション方式が高まっているため、多くの小売業で実施されている陳列です。

(12) ◯ **レジ前陳列**は、コンビニエンス（ついで買いや衝動買いの促進）機能を果たします。

(13) ✘ これは、**壁面陳列**です。**島（アイランド）陳列**は、店内主通路の中央に平台やカゴなどの什器を使って小さな陳列部分をつくり、回遊する顧客の注目を引く陳列です。

(14) ◯ 正三角形や二等辺三角形、不等辺三角形など商品の形状に合わせてまとめることで変化がつけられます。

(15) ◯ ボリューム感とリズム感があり、遠くからの商品の認知性もよいというメリットもあります。

(16) ✘ この他に、④アクセントカラーを使うこと、⑤カラー・ライゼーションのルール（規則性を持たせること）があり、全部で5つのポイントになります。

(17) ◯ ビジュアルマーチャンダイジングとは他に、いかにして購入してもらうかという提案方法を具体的に表現した視覚面での品ぞろえ政策を意味します。

(18) ✘ これは、**セパレーション**です。**カラーコントロール**は、何らかの基準で色を分類整理して店舗固有の全体イメージを醸成するディスプレイ技術であり、顧客の目を店頭から店内奥へと誘う視覚誘導効果もあります。

⑴9　**アクセントカラー**とは，規則正しく少しずつ色を変えていくことを意味し，虹はこれを代表するシンボルである。

⑵0　**ハンギング**は，商品を折りたたんで見せる陳列パターンのことである。

⑵1　**フェースアウト**は，ハンギング陳列のうち，商品のサイド（袖）を見せるディスプレイ・パターンのことである。

⑵2　**トルソー**とは，合成樹脂や布張りなどでできた，胴体のマネキンのことである。

⑵3　**プロップ**とは，卓上トルソー，レリーフ型ボディ，帽子のスタンドなどといった陳列補助器具のことである。

⑵4　**リアルマネキン**は，手，頭，肩などの身体の一部を誇張（デフォルメ）したマネキン，または顔が抽象的で個性的なマネキンのことである。

⑵5　**スカルプチュアマネキン**は，ヘアと肌が同一色などのように，頭部を彫刻的につくったマネキンのことである。

(19) ✗ これは、**グラデーション**です。**アクセントカラー**は、売場やディスプレイの中で注目を集めるポイントをつくるための**強調色**のことです。

(20) ✗ これは、**フォールデッド**です。**ハンギング**は、商品をハンガーに掛けた状態で見せる陳列パターンのことです。

(21) ✗ これは、**スリーブアウト**です。**フェースアウト**は、ハンギング陳列のうち、商品の正面を見せるディスプレイ・パターンのことです。

(22) ◯ **トルソー**は、上半身だけですので、あらゆる商品に活用できるメリットがあります。

(23) ✗ これは、**ライザー**です。**プロップ**は、演出小道具のことで、ステージやショーウィンドウなどのディスプレイで使用します。

(24) ✗ これは、**アブストラクトマネキン**です。**リアルマネキン**は、人間の体をリアル（現実的）に再現したマネキンのことです。

(25) ◯ このため、**スカルプチュアマネキン**は、商品のタイプを限定しないというメリットがあります。

第3章　作業割当の基本的役割

＜要点まとめ＞

○小売業は，利益率が低い。

○**人時**(にんじ)（マンアワー）は，1人が1時間働いた工数。

○**人時**(にんじ)**生産性＝粗利益高÷総労働時間。**

○**人時**(にんじ)**生産性**は，1人の1時間当たりの粗利益高。

○**作業割当**は，いつ・どこで・誰が・何の作業を行うかを示すこと。

○作業割当表を作成する際は，**重点作業**優先。

○作業割当表の作成には，スケジュールに余裕をもたせておく。

○パートタイマー・アルバイト活用のメリットは，①人件費が安い，②期間を定めた雇用契約を結ぶことができる，③必要になったときに必要なだけの労働力をそろえることができる。

○パートタイマー・アルバイト活用のデメリットは，①長期的戦力になりにくい，②働く時間や日数が限定される，③専門知識やスキルに難点がある，④店舗の近くに居住しているため，仕事の不平・不満がクチコミで広まりやすい。

○**Off・JT**は，職場を離れた教育訓練。

○**OJT**は，仕事を通して行う教育。

(1) 小売業は，利益率が高く，利益は売上高と人件費の配分には左右されない。

(2) **人時生産性＝粗利益高÷総労働時間**である。

(3) いつ・どこで・誰が・何の作業を行うかを示すことを**作業割当**という。

(4) 作業割当表を作成する際は，レジ作業や品出しといった重点作業よりも鮮度管理・棚割管理などの補助作業を優先させる。

(5) 作業割当表の作成に当たっては，予想外の事態にも対応できるように，スケジュールに余裕を持たせておく。

(6) パートタイマー・アルバイト活用のメリットは，①人件費が安い，②期間を定めた雇用契約を結ぶことができる，の2つである。

(7) パートタイマー・アルバイト活用のデメリットは，①長期的戦力になりにくい，②働く時間や日数が限定される，の2つである。

(8) パートタイマー・アルバイトを活用するには，金銭面の処遇の配慮や人間関係の改善，マニュアルの整備と教育訓練が必要である。

(9) OJTとは，職場を離れた教育訓練のことである。

(1) **✗** 逆です。小売業は，利益率が低く，利益は売上高と人件費の配分に大きく左右されます。

(2) **○** **人時**（マンアワー）とは，1人の従業員が1時間働いたときの工数で，**人時生産性**は，作業者1人が1時間当たりに稼ぎ出す粗利益高になります。

(3) **○** **作業割当**は，時間帯別・作業別に作業員を適正に配置し，店舗運営を効率的に行います。

(4) **✗** 逆です。補助作業（他に，バックルーム管理・顧客サービスの維持など）よりも**重点作業**（他に，発注・清掃作業など）を優先させます。

(5) **○** 他には，従業員の習熟度や知識を把握しておき，週間ベースで**作業割当表**を作成するようにします。

(6) **✗** 他に，③必要になったときに必要なだけの労働力をそろえることができる，というメリットもあります。

(7) **✗** 他に，③専門知識やスキルに難点がある，④店舗の近くに居住しているため，仕事の不平・不満がクチコミで広まりやすい，といったことがあります。

(8) **○** 簡単正確に仕事をこなすために，マニュアルは必要です。

(9) **✗** これは，**Off・JT**（Off the Job Training）です。**OJT**は，On the Job Trainingの略で，仕事を通して行う教育です。

第4章　人的販売の基本的考え方

＜要点まとめ＞

○**購買心理過程の8段階**は，①注目，②興味，③連想，④欲望，⑤比較・検討，⑥信頼・確信，⑦行動・決定，⑧満足。

○**注目**（Attention）は，見ること。

○**興味**（Interest）は，よく見ようとする。

○**連想**（Remind）は，実際に使用する姿を考える。

○**欲望**（Desire）は，商品が欲しいという気持ち。

○**比較・検討**（Comparison）は，他店の商品などと比較して検討。

○**信頼・確信**は，購入しても大丈夫。

○顧客の**信頼**は，①販売員に対する信頼，②小売店やメーカーに対する信頼，③商品そのものに対する信頼。

○**行動・決定**（Action）は，「これをください」。

○**満足**（Satisfaction）は，商品購入の満足感だけでなく，接客販売によって最高の満足感を顧客に提供すること。

○**待機**とは，顧客に声をかける機会を待つこと。

○**アプローチ**は，「いらっしゃいませ」。

○**商品提示**の原則は，①使う状態にして見せる，②商品に手を触れさせる，③商品の特徴をはっきり見せる。

○**商品説明**の留意点は，①顧客の購買ニーズを把握する，②顧客が求めている商品を知る，③セリングポイントを活用する，④殺し文句を使う。

○**クロージング**は，購買の意思を決定させること。

○**金銭授受**とは，販売代金を受け取ること。

○「恐れ入ります」は，軽いお詫びとお願い。

○**マイナス・プラス法**は，先にマイナス要素を伝えておき，後でプラス要素を伝える。

○**イエス・バット法**は，相手の話をいきなり否定せず，肯定で受けて後から自分の言い分をいう。

○**推奨販売**の実施方法は，①用途や効用も説明する，②商品を2～3品目提示して比較検討させる，③セリングポイントを明示する，④顧客と心が通じ合うようにする。

(1) **購買心理過程の8段階**は，①注目，②興味，③欲望，④連想，⑤比較・検討，⑥信頼・確信，⑦行動・決定，⑧満足の順である。

(2) 購買心理過程の注目は，顧客が関心を持った上で商品や売場を見ることである。

(3) 購買心理過程の興味は，商品を実際に使用する姿や使用した後の状態を考えることである。

(4) 購買心理過程の欲望は，他店の商品などと比較して検討することである。

(5) 購買心理過程の**信頼・確信**は，この商品を購入しても大丈夫だという確かな気持ちである。

(6) 購買心理過程の行動・決定は，商品の購入を通した満足感だけでなく，接客販売によって最高の満足感を顧客に提供することである。

(7) **待機**とは，売場で販売員が販売の準備をして，顧客に声をかける機会を待つことである。

(8) **アプローチ**とは，「いらっしゃいませ」と顧客に声をかけて近づくことで，「注目」から「興味」の段階が適している。

(9) **商品提示**の原則は，①使う状態にして見せること，②商品に手を触れさせること，という2つである。

(10) **商品説明**の留意点は，①顧客の購買ニーズを把握する，②顧客が求めている商品を知る，という2つである。

(11) **クロージング**とは，顧客から販売代金を受け取ることである。

(1) ✘ ③と④が逆です。連想すると、欲望が湧いてくるのです。

(2) 〇 注目（Attention）は、見ることです。注目を引くためには、効果的なPOP広告が有効です。

(3) ✘ これは、連想（Remind）です。興味（Interest）は、商品のデザインや色、使用方法や価格をよく見ようとすることです。

(4) ✘ これは、比較・検討（Comparison）です。欲望（Desire）は、商品が欲しいという気持ち（購買意欲）が高まることです。

(5) 〇 顧客の信頼は、①販売員に対する信頼、②小売店やメーカーに対する信頼、③商品そのものに対する信頼、の3つあります。

(6) ✘ これは、満足（Satisfaction）です。行動・決定（Action）は、顧客が「これをください」といって代金を販売員に渡す行為です。

(7) 〇 待機には、①販売の準備（商品の整理・整頓や清掃など）をしながら顧客を待つ、②顧客に声をかける機会を待つ、という2つの要素があります。

(8) ✘ アプローチは、確かに声掛けして近づくことですが、注目の段階では早すぎます。「興味」から「連想」の段階が適しています。

(9) ✘ 商品提示の原則はこの他に、③商品の特徴をはっきり見せる、という原則があり、全部で3つになります。

(10) ✘ 商品説明の留意点はこの他に、③セリングポイントを活用する、④殺し文句を使う、があり、全部で4つです。

(11) ✘ これは、金銭授受です。クロージングは、接客販売の基本的プロセスの中で、顧客に購買の決定をさせる手段を意味し、購買の意思を決定させることです。

(12) 「恐れ入ります」には,軽いお詫びの意味しかない。

(13) **マイナス・プラス法**は,先にマイナス要素を伝えておき,後でプラス要素を伝えると,プラスのイメージを与えることができるものである。

(14) **推奨販売**の実施方法は,①用途や効用も説明する,②商品を2～3品目提示して比較検討させる,という2つである。

(12) ✗ 「恐れ入ります」には，もう１つ，顧客に何かをお願いするときの丁寧な言い方という意味もあります。

(13) ○ 感じのよい聞き方としては，**イエス・バット法**（相手の話をいきなり否定せず，肯定で受けて後から自分の言い分をいう）があります。

(14) ✗ **推奨販売**の実施方法はこの他に，③セリングポイントを明示する，④顧客と心が通じ合うようにする，があります。

第4部

マーケティング

第1章　小売業のマーケティングの基本的考え方

＜要点まとめ＞

○**マーケティング**とは，市場への働きかけ，戦略としての展開，競争の優位性の発揮，需要を創り出す店頭活動。

○**マイクロ・マーケティング**は，小売業が新規の購買需要を創り出すこと。

○**マクロ・マーケティング**はメーカーのマーケティング。

○**プロダクト**（Product）は，商品化政策であり，マーチャンダイジング（品ぞろえ）。

○**プロモーション**（Promotion）は，店頭基準の狭域型購買促進政策（インストアマーチャンダイジング）。

○**プライス**（Price）は，地域公正価格（エブリデイ・フェア・プライス）。

○**プレイス**（Place）は，立地戦略（ストアロケーション）。

○市場環境を変化させる要因は，①顧客ニーズの多様化・高度化，②技術革新の進展，③流通構造の変革，④法規制の変化。

○マーケティングリサーチの狙いは，①市場と需要の分析，②販売効率の分析，③小売業を取り巻く環境の分析。

○市場と需要の分析は，①需要量の分析，②消費者の分析，③購買行動の分析，④商品の分析。

○販売効率の分析は，①販売員の分析，②広告の分析，③流通経路の分析。

○小売業を取り巻く環境の分析は，①競争の分析，②景気の分析，③環境の分析。

(1) **マーケティング**とは，市場への働きかけであり，戦略としての展開でもある。

(2) 小売業が自店の商圏を刺激し，小売店頭を活用して新規の購買需要を創り出すことを，**マクロ・マーケティング**という。

(3) 小売業のマーケティングの**プロダクト**（Product）とは，店頭基準の狭域型購買促進政策（インストアマーチャンダイジング）のことである。

(4) 小売業のマーケティングの**プライス**（Price）とは，立地戦略（ストアロケーション）のことである。

(5) 市場環境を変化させる要因は，①顧客ニーズの多様化・高度化と②技術革新の進展の2つである。

(6) マーケティングリサーチの狙いは，①市場と需要の分析と②販売効率の分析の2つである。

(7) 市場と需要の分析では，①需要量の分析と②消費者の分析の2つだけを行う。

(8) 販売効率の分析では，①販売員の分析，②広告の分析，③流通経路の分析，の3つを行う。

(1) ◯ マーケティングとはさらに，競争の優位性の発揮であり，需要を創り出す店頭活動でもあります。

(2) ✕ これは，マイクロ・マーケティングです。マクロ・マーケティングはメーカーのマーケティングで，マスとしての大衆に，自社ブランドシェアを拡大しようとします

(3) ✕ これは，プロモーション（Promotion）です。プロダクト（Product）は，商品化政策であり，マーチャンダイジング（品ぞろえ）です。

(4) ✕ これは，プレイス（Place）です。プライス（Price）は，地域公正価格（エブリデイ・フェア・プライス）です。

(5) ✕ この他に，③流通構造の変革と④法規制の変化があり，全部で4つです。

(6) ✕ この他に，③小売業を取り巻く環境の分析があり，全部で3つです。

(7) ✕ この他に，③購買行動の分析と④商品の分析があり，全部で4つです。

(8) ◯ そして，小売業を取り巻く環境の分析では，①競争の分析，②景気の分析，③環境の分析，の3つを行います。

第2章　顧客管理の基本的役割

＜要点まとめ＞

○**顧客満足**は，顧客の要望を重視して満足を提供。

○**顧客志向**は，顧客満足度の向上を目指す。

○**ホスピタリティ**は，「もてなしの精神」。

○**プリヴァレッジ**は，特別待遇。

○**エンターテインメント**は，娯楽。

○**FSP**（フリークエント・ショッパーズ・プログラム）は，多頻度で購買する顧客を優遇。

○「**2：8の法則**」とは，「来店頻度が上位2割の顧客で，店舗全体の8割の利益を占める」。

○FSP運用の流れは，①FSPの全体のシステムの設計，②運用システムの設計，③会員の募集，④会員カードの発行，⑤顧客によるカードの利用促進，⑥購買データの分析，⑦仮説・実践・検証のサイクルを回す。

(1) **顧客志向**とは，小売業の経営のすべてを顧客を中心にした展開とし，顧客の要望を重視して満足を提供することである。

(2) **ホスピタリティ**とは，まず第一に顧客のことを考え，顧客に「もてなしの精神」を発揮することである。

(3) **エンターテインメント**とは，特別待遇のことであり，購入金額の多い顧客には，特別な存在として，特権を与えることである。

(4) **FSP**（フリークエント・ショッパーズ・プログラム）とは，多頻度で購買する顧客を優遇し，つなぎ止めておくための顧客戦略プログラムである。

(5) **「2：8の法則」**とは，多頻度の顧客は2割で，残りの8割の顧客は来店頻度が小さい，という意味である。

(6) FSP運用の流れは，①FSPの全体のシステムの設計，②運用システムの設計，③会員の募集，④会員カードの発行，⑤顧客によるカードの利用促進，⑥購買データの分析，⑦仮説・実践・検証のサイクルを回す，という順番になる。

(1) ✕ これは，**顧客満足**です。**顧客志向**とは，小売業と顧客とで双方向的な関係を築くことを基本とし，販売促進活動やサービス活動を行って，顧客満足度の向上を目指すことです。

(2) ◯ つまり，**ホスピタリティ**とは，もてなしの精神で接客サービスを行うことです。

(3) ✕ これは，**プリヴァレッジ**です。**エンターテインメント**とは娯楽のことで，従業員の行動が顧客に感動を与え，心の絆をつくることです。

(4) ◯ FSPは，顧客の来店頻度や購入金額に応じて特典やサービスに差をつけ，顧客を維持することが目的です。つまり，固定客化します。

(5) ✕ 「2：8の法則」とは，「来店頻度が上位2割の顧客で，店舗全体の8割の利益を占める」というものです。

(6) ◯ 会員募集上の留意点としては，特典プログラムが魅力的であり，どのような特典があるのか分かりやすく案内することが大切です。また，会員入会申込書は，シンプルな書式にします。

第3章　販売促進の基本的役割

＜要点まとめ＞

○**プル戦略**は，消費者の需要を呼び起こす。顧客の方から積極的に来店。

○**プッシュ戦略**は，人的販売活動。

○**購買促進策**は，催事や割引，プッシュ戦略としての各種顧客サービスと推奨販売の他，デモンストレーション販売といった人的販売。

○**来店促進策**には，広告・パブリシティ（ニュース，記事）・クチコミなどのプル戦略。

○**店頭起点の販売促進策**には，フロアマネジメントとしてゾーニングやレイアウト，シェルフマネジメントとしてディスプレイや棚割などがある。

○**プッシュ戦略**は，①人的販売，②インストアマーチャンダイジング，③狭義の販売促進策。

○**プル戦略**は，①広告，②PR（パブリック・リレーションズ）とパブリシティ，③クチコミ。

○**PR**は，広報活動。

○**パブリシティ**は，情報提供活動。

○広告としては，マスメディア広告，インターネット広告，交通広告，ダイレクトメール，チラシ広告，屋外広告，店内広告がある。

○**インストアマーチャンダイジング**とは，店頭・店内で，購買を促進するための，効率的販売の総合的手法。

○**狭義の販売促進策**は，セールス・プロモーション。店頭で顧客の購買意欲を刺激し，購入へのインセンティブを提供する。

- **価格によるセールス・プロモーション**は，クーポン，キャッシュバック，増量パック，お試しサイズ，低金利ローンがある。
- **プレミアムによるセールス・プロモーション**は，べた付きプレミアム，オープン懸賞プレミアム，スピードくじプレミアムがある。
- **オープン懸賞プレミアム**は，商品の購買とは無関係に，応募さえすれば，抽選によりもらえる。
- **べた付きプレミアム**は，商品そのものに添付。
- **キャッシュバック**は，代金の一部を返却。
- **クーポン**は，割引券を配布して試し買い。
- **お試しサイズ**は，割安な特別品。
- **増量パック**は，ボーナスパック。容量を多くして販売する。
- **POP広告**とは，カードまたはボード（板）。
- **プライスカード**は値札。

(1) **プッシュ戦略**とは，広告などを活用して，消費者の需要を呼び起こす手法であり，顧客の方から積極的に来店してくれることを期待する。

(2) **来店促進策**には，催事や割引，プッシュ戦略としての各種顧客サービスと推奨販売の他，デモンストレーション販売といった人的販売がある。

(3) **店頭起点の販売促進策**には，フロアマネジメントとしてゾーニングやレイアウト，シェルフマネジメントとしてディスプレイや棚割などがある。

(4) 来店促進策であるプル戦略には，①人的販売，②インストアマーチャンダイジング，③狭義の販売促進策，がある。

(5) **パブリシティ**とは，広報活動ともいい，組織や個人が，自分たちの実態や主張を他者（消費者，従業員，株主，取引先，地域コミュニティなど）に知ってもらい，自分たちに対する相手の古い考え方を変えてもらったり，修正してもらったりするための計画的な情報提供活動である。

(6) 広告として使われるのは，マスメディア広告，インターネット広告，交通広告，の３つである。

(7) **インストアマーチャンダイジング**とは，店頭・店内で，購買を促進するための，効率的販売の総合的手法のことである。

(8) **狭義の販売促進策**は，セールス・プロモーションともいい，店頭で顧客の購買意欲を刺激し，購入へのインセンティブを提供することである。

(9) **プレミアムによるセールス・プロモーション**には，クーポン，キャッシュバック，増量パック，お試しサイズ，低金利ローンがある。

第３章 販売促進の基本的役割

(1) ✘ これは、**プル戦略**です。**プッシュ戦略**とは、販売する側から消費者に対して積極的に販売促進を行っていく手法で、人的販売活動を行います。

(2) ✘ これは、**購買促進策**です。**来店促進策**には、広告・パブリシティ（ニュース、記事）・クチコミなどのプル戦略があります。

(3) ○ **店頭起点の販売促進策**には、以上の他に、演出や提案を行うイメージアップもあります。

(4) ✘ これは、**プッシュ戦略**です。**プル戦略**には、①広告、②PR（パブリック・リレーションズ）とパブリシティ、③クチコミ、があります。

(5) ✘ これは、**PR**です。**パブリシティ**とは、情報提供活動です。つまり、自店のサービスや各種イベントなどの情報を、マスメディアに提供し、ニュースや記事として取り上げてもらうことを狙ったものです。

(6) ✘ その他にも、ダイレクトメール、チラシ広告、屋外広告、店内広告、があります。

(7) ○ **インストアマーチャンダイジング**としては、ゾーニングやレイアウトなどのフロアマネジメント、ディスプレイや棚割などのシェルフマネジメント、演出や提案訴求などのイメージアップなどがあります。

(8) ○ **狭義の販売促進策**には、プレミアムによるセールス・プロモーションと価格によるセールス・プロモーションがあります。

(9) ✘ これらは、**価格によるセールス・プロモーション**です。**プレミアムによるセールス・プロモーション**には、べた付きプレミアム、オープン懸賞プレミアム、スピードくじプレミアムがあります。

◆ 128 ◆

⑽　**べた付きプレミアム**とは，商品の購買とは関係なく，懸賞に応募さえすれば，抽選によりプレミアムがもらえる。

⑾　**クーポン**は，特定の商品を購入したら，代金の一部を顧客に返却するものである。

⑿　**増量パック**は，少量ではあるけれど割安な特別品を用意しておき，試し買いをさせようとするものである。

⒀　**POP広告**とは，商品の使用方法や売場の案内などを簡潔で分かりやすく表現したカードまたはボード（板）などのことである。

⒁　**プライスカード**は値札のことで，売価を表示してある。

(10) ✗ これは、**オープン懸賞プレミアム**です。**べた付きプレミアム**は、商品そのものに添付してあり、購入者全員が公平に受け取れます。

(11) ✗ これは、**キャッシュバック**です。**クーポン**は、顧客に割引券を配布することによって、試し買いをさせようとするものです。

(12) ✗ これは、**お試しサイズ**です。**増量パック**は、ボーナスパックともいい、通常の価格のまま、容量を多くして販売します。

(13) ◯ **POP**とは、Point Of Purchaseの略で、商品を購入する時点という意味です。狙いは、①顧客の疑問に応え、②商品選択の情報を提供し、③他店との違いを主張することです。

(14) ◯ **プライスカード**には、品名・規格・発注単位・部門やクラス・発注コード・販売方法・販売限度日・格付け・JANコード・売価・単位あたり容量と価格を表示します。

第4章　商圏の設定と出店の基本的考え方

<要点まとめ>

○市場の変化の**技術的要因**は，①情報・通信，②新素材，③バイオテクノロジー，④環境技術，既存技術の高度化・複合化。

○**社会的要因**は，①核家族化の進展，②単身世帯の増加，③高齢化の進展，④社会関係の多様化。

○**経済的要因**としては，①経済の低迷と新しいビジネスチャンス，②経済の仕組みの変化。

○**小売店の単独商圏**は，自店への顧客の来店範囲。

○**商業集積の商圏**は，その規模や核となっている大型店などの魅力による。

○**都市の商圏**は，周辺都市からの吸引力が及ぶ範囲。人口・商店数・産業構造によって大きく変化。

○**ライリーの法則**とは，AとBという2つの都市において，その中間の都市から吸引する小売販売額の割合は，「2都市の人口の比に**正比例**し，2都市から中間都市までの距離の二乗に**反比例**する」。

○**ハフモデル**は，ある地点の消費者が特定の商業地へ行く確率を求める理論。

○**競争店（ストアコンペティター）**は，その店舗以外によく利用している小売業の店舗。

○**ストアコンパリゾン**は，競争店調査。

○競争店調査の進め方は，①競争店の強みと弱みを知る，②自店の強みと弱みを知る，③自店の改善の手掛かりを得る。

○出店候補地の選定に当たっては，まず**マクロ的視点**，次に**ミクロ的視点**。

○大型スーパーマーケットなどが核店舗となる商業施設は、商品単価が低く、休日の利用者が多い。平日の集客力アップが課題。
○駅ビル・地下街などの交通拠点に立地する商業施設は、入館客数は多い。
○百貨店が核店舗となる商業施設は、客単価を高く設定でき、休日の集客力が強い。
○ディスカウント系商業施設は、多くの集客。

(1) 市場の変化の**社会的要因**としては，①情報・通信，②新素材，③バイオテクノロジー，④環境技術，既存技術の高度化・複合化，がある。

(2) 市場の変化の**経済的要因**としては，①経済の低迷と新しいビジネスチャンス，②経済の仕組みの変化，がある。

(3) **商業集積の商圏**は，周辺都市からの吸引力が及ぶ範囲であり，人口・商店数・産業構造によって大きく変わる。

(4) **小売店の単独商圏**は，自店への顧客の来店範囲を指す。

(5) **ライリーの法則**とは，AとBという2つの都市において，その中間の都市から吸引する小売販売額の割合は，「2都市の人口の比に反比例し，2都市から中間都市までの距離の二乗に正比例する」というものである。

(6) **ハフモデル**とは，ある地点の消費者が特定の商業地へ行く確率を求める理論である。

(7) **ストアコンパリゾン**とは，小売業の店舗の商圏内で生活している消費者が，その店舗以外によく利用している小売業の店舗のことである。

(8) 競争店調査の進め方は，①競争店の強みと弱みを知る，②自店の強みと弱みを知る，③自店の改善の手掛かりを得る，の順である。

(9) 出店候補地の選定に当たっては，まずミクロ的視点からの都市構造を分析することから始め，次にマクロ的視点からの終点候補地の評価を実施する。

(1) ✗ これは、**技術的要因**です。**社会的要因**としては、①核家族化の進展、②単身世帯の増加、③高齢化の進展、④社会関係の多様化、があります。

(2) ◯ ①については、経済の低迷と節約により、新しい仕組みや省エネ関連製品が売れたりしています。②については、新しいスタイルが生み出されています。

(3) ✗ これは、**都市の商圏**です。**商業集積の商圏**は、その規模や核となっている大型店などの魅力に左右されます。

(4) ◯ これはつまり、自店の顧客の居住範囲あるいは職域のことです。

(5) ✗ ライリーの法則とは、「2都市の人口の比に**正比例**し、2都市から中間都市までの距離の二乗に**反比例**する」というものです。
　人口が多い方が吸引力は大きいですし、距離が離れれば吸引力は弱くなります。

(6) ◯ ハフモデルとは、「ある地点の消費者が、その店舗で買物する確率は、売場面積に比例し、店舗までの距離に反比例する」というものです。

(7) ✗ これは、**競争店（ストアコンペティター）**です。**ストアコンパリゾン**は、競争店調査といい、定期的に競争店に出向き、自店との違いや店舗施設・接客応対などの実態を調査し、自店と比較・分析しながら改善していく手法のことです。自店との違いとしては、顧客層・品ぞろえ・価格の違いを調べます。

(8) ◯ 自店の弱みは改善し、自店の強みはより一層強化します。

(9) ✗ 逆です。まず**マクロ的視点**からの都市構造を分析することから始め、次に**ミクロ的視点**からの終点候補地の評価を実施します。

◆ 134 ◆

⑽　駅ビル・地下街などの交通拠点に立地する商業施設は，核店舗の商品単価が低く，休日の利用者が多い一方，平日の集客力アップに課題がある。

⑾　カテゴリーキラーの集合体であるディスカウント系商業施設は，客単価を高く設定でき，休日の集客力が強い。

(10) ✘ これは，大型スーパーマーケットなどが核店舗となる商業施設です。駅ビル・地下街などの交通拠点に立地する方は，多くの流動客により，入館客数は多いです。

(11) ✘ これは，百貨店が核店舗となる商業施設です。ディスカウント系商業施設は，大型駐車場などによって，多くの集客を見込めます。

第5章　売場づくりの基本的考え方

＜要点まとめ＞

○**マーケティング・コミュニケーション**は，好意的な態度で情報伝達。

○**ワンストップショッピング**は，1つの店舗でまとめて購入。

○**ショートタイムショッピング**は，短時間で購入。

○売場の形態は，①対面販売方式，②セルフサービス販売方式，③セルフセレクション方式。

○**対面販売方式**は，向かい合って接客。

○**セルフサービス販売方式**では，自由に商品選択し，レジで一括集中精算。

○**セルフセレクション方式**は，セルフサービス販売方式に側面販売を組み合わせたもの。

○**ストレスフリーショッピング**とは，快適な環境で買物。

○**リモデリング**は，全面改装。

○**リニューアル**は，部分改装。

○**カテゴリー**は，商品の種類（品種）。

○**SKU**（Stock Keeping Unit）は，最少品目。

○**ワンウェイ・コントロール**とは，一方通行。

○**プッシュ型商品構成**は，メーカーの立場から。

○**プル型商品構成**は，顧客ニーズの立場から。

○**ストアコンセプト**は，「消費者に対する店舗の回答書」。

○**ポジショニング**は，地域の中で店舗が果たすべき役割。

○**フロアゾーニング**とは，どこの売場にどのような部門を張り付けるか。

○**フロアレイアウト**は，フロアゾーンごとに，品種を割り振っていく。

- **ミール・ソロムナード**とは，出来立ての食事。
- **プラノグラム**は，ゴンドラ1本ごとにどのような単品をどこに何個並べ，ゴンドラ単位でどれだけ売り，いくらの利益を得るかを予測する手法。
- **スペースマネジメント**とは，品種内の販売（ゴンドラ）スペースと品目の決定，フェイシングとディスプレイする在庫数量を決定する一連の作業。
- **全般照明**は，ベース照明。店舗や売場全体を均等に。
- **重点照明**は，スポットライトやダウンライト。
- **装飾照明**は，インテリア。
- **省エネ照明**は，ライトダウン。
- **直接照明**は，直接照らす。
- **間接照明**は，反射光。
- **半直接照明**は，直接照明にカバー。
- **半間接照明**は，壁面や天井の反射光が多い。
- **全般拡散照明**は，シャンデリアやバランスライト。
- **色温度**とは，光の色を表す値。単位はK（ケルビン）。
- **演色性**とは，物の色の見え方が異なること。
- **陳列棚の照明**は，店内全般の1.5倍〜2倍。
- **ショーウィンドウの照明**は，照度が調節できるように。
- 店舗の印象を明るくするには，壁面の照度を高める。
- **ハロゲンランプ**は，ガラス球の中にハロゲンガス。
- **白熱電球**は，ガスはなし。
- **高輝度放電灯**（HIDランプ）は，水銀灯・メタルハライドランプ・高圧ナトリウムランプ。
- **蛍光灯**は，水銀蒸気の放電によって紫外線を発生させ，この紫外線を蛍光体にぶつけて発光させる。

○ **発光ダイオード（LED）**は，省エネ・長寿命・紫外線や熱線をあまり含まないという特徴と，光源が小さい・調光機能・応答速度が速いという特性がある。

○ **補色**は，色相環上で正反対。

○ **色相**とは，色合いの違い。

○ **明度**とは，色の持っている明るさの度合い。

○ **彩度**は，色の冴え方や鮮やかさの程度。

○ **白**は，光をほとんど反射するので，まぶしさがある。

○ **黒**は，光を吸収するので，明るさが必要。

○ **灰色**は，隣接する色に何の変化，影響も与えない。

○ **寒色**とは，青緑，青，青紫。

○ **暖色**は，赤，赤紫，橙，黄。

○ **中性色**は，黄緑，緑，紫。

○ **進出色**は，前に飛び出して見える色。赤・橙・黄。

○ **後退色**は，奥に引っ込んで見える色。青や青紫。

○ **準補色**とは，補色の手前の関係。

○ **壁の色**は，淡い色。

○ **天井の色**は，反射率の高い色。

○ **床の色**は，反射率が低く，あまり濃くない色。

○ **天井の低い店舗**は，天井を壁よりも明るい色に。

○ **非常に小さい店舗**は，店内のすべてに明るい色。

○ **細長い店舗**は，店奥の壁に両側の壁よりも濃い色。

○ **単調な四角い店舗**は，店奥の壁に両側の壁より明るい色。

(1) **マーケティング・コミュニケーション**とは，主たる顧客層に対して，好意的な態度で情報を伝達することである。

(2) **ショートタイムショッピング**とは，1つの店舗で，商品をまとめて購入できる便利性のことである。

(3) 売場の形態は，①対面販売方式と②セルフサービス販売方式の2つに大別される。

(4) **対面販売方式**では，販売員が顧客と向かい合って接客を行い，商品代金は販売員に支払う。

(5) **セルフサービス販売方式**では，顧客が自由に商品を選択し，出口近くのレジで一括集中精算する。

(6) **セルフセレクション方式**は，セルフサービス販売方式に側面販売を組み合わせたもので，いくつかの売場に分散しているレジで精算する。

(7) **リモデリング**とは，顧客が買物にストレスや苦痛を感じないように，売場づくりや販売方法に工夫を凝らし，快適な環境で買物ができることである。

(8) SKUとは，商品の種類（品種）のことである。

(9) **ワンウェイ・コントロール**とは，一方通行の買物通路を設定することである。

(10) 商品構成は，生産体系別の**プッシュ型**から，生活体系別の**プル型**に移行することが必要である。

(11) 売場づくりの**ポジショニング**とは，「消費者に対する店舗の回答書」である。

(1) ○ マーケティング・コミュニケーションで伝える情報は，商品の購入やサービスの提供についてであり，販売員の口頭または各種販売促進策で伝達します。

(2) ✕ これは，ワンストップショッピングです。ショートタイムショッピングとは，消費者が求める商品を短時間で快適に購入できる便利性のことです。

(3) ✕ この他に，③セルフセレクション方式があり，3つに大別されます。

(4) ○ 対面販売方式は，専門品・高級品が中心で，顧客は専門的できめ細かいアドバイスを受けることができます。

(5) ○ セルフサービス販売方式は，使用頻度・消耗頻度・購買頻度の高い商品が中心で，自由でスピーディに選べ，販売員に気兼ねせずに買えます。

(6) ○ セルフセレクション方式は，カジュアル衣料品や住居関連の商品が中心で，自由に選びながら，聞きたいことがあれば，いつでも相談できます。

(7) ✕ これは，ストレスフリーショッピングです。リモデリングとは，全面改装のことです（部分改装は，リニューアル）。

(8) ✕ 品種は，商品カテゴリーです。SKU (Stock Keeping Unit) は，最少品目（それ以上分類できない最小単位）のことをいいます。

(9) ○ ワンウェイ・コントロールでは，セルフサービス販売方式において，その順番通りに売場を歩けば，もれなく商品を購入できます。

(10) ○ プッシュ型商品構成は，メーカーの立場からのもので，プル型商品構成は，顧客ニーズの立場からのものです。

(11) ✕ これは，ストアコンセプトです。売場づくりのポジショニングとは，地域の中で店舗が果たすべき役割（位置づけ）を明確に示すことです。

⑿ **フロアゾーニング**とは，フロアゾーンごとに，商品構成マトリクスで定めた品種を割り振っていく。

⒀ **ミール・プロムナード**とは，出来立ての食事そのものを料理別のコーナーに設置して，便利性や専門性を高めた販売方法のことである。

⒁ **スペースマネジメント**とは，ゴンドラ1本ごとにどのような単品をどこに何個並べ，ゴンドラ単位でどれだけ売り，いくらの利益を得るかを予測する手法である。

⒂ 店舗の照明には，「来店促進」と「購買促進」という2つの目的がある。

⒃ **全般照明**は，ベース照明ともいい，店舗や売場全体を均等に照らす照明である。

⒄ **装飾照明**（インテリアライティング）は，スポットライトやダウンライトを用いて，ディスプレイなどの特定の場所や商品を目立たせる照明である。

⒅ **省エネ照明**は，照明の間引きや調光により，ライトダウンを行う。

⒆ **直接照明**は，光源が直接目に入らないように，壁や天井に埋め込み，反射光によって明るさを出す方式である。

⒇ **半直接照明**は，室内に向けた光よりも，壁面や天井の反射光が多い照明形式である。

㉑ **全般拡散照明**は，シャンデリアやバランスライトなど，光を均一に行き渡らせる形式である。

(12) ✘ これは、**フロアレイアウト**です。**フロアゾーニング**とは、どこの売場にどのような部門（品群をまとめた大分類）を張り付けるかを決めることです。

(13) ○ **ミール・プロムナード**は、働く主婦の増加に対応したものです。

(14) ✘ これは、**プラノグラム**（プランとダイヤグラムの造語）です。**スペースマネジメント**とは、品種内の販売（ゴンドラ）スペースと品目の決定、フェイシングとディスプレイする在庫数量を決定する一連の作業です。

(15) ○ 照明により、店舗を目立たせ、商品価値や情報を正しく伝達する他、商品を見やすく、選びやすくし、適切な買物を促します。

(16) ○ **全般照明**は、ストアコンセプトを表すのに適切な明るさに設定します。

(17) ✘ これは、**重点照明**（アクセント照明、局部照明）です。**装飾照明**とは、光で照らすことよりも、インテリアとしての装飾効果を重視する照明です。

(18) ○ 蛍光灯の本数を間引いたりして、省エネルギーを達成します。

(19) ✘ これは、**間接照明**です。**直接照明**は、スポットライトや蛍光灯などの光源のほとんどが、商品の陳列面や床面を直接照らします。

(20) ✘ これは、**半間接照明**です。**半直接照明**は、直接照明に、ルーバーやアクリル板・すりガラスなどのカバーをつけたもので、百貨店や専門店に多いです。

(21) ○ **全般拡散照明**は、間接照明と併用するパターンが多いです。

⑴ **色温度**とは，光の色を表すのに用いられる値のことで，単位はK（ケルビン）である。

⑵ **演色性**とは，照度により，物の色の見え方が異なることであり，物体をどれだけ忠実な色で照らすことができるかという意味である。

⑷ **ショーウィンドウの照明**の目安は，店内全般の1.5倍〜2倍といわれる。

⑸ 店舗の印象を明るくするためには，壁面の照度を高めるのがポイントである。

⑹ **白熱電球**は，ガラス球の中にハロゲンガスが封入されている。

⑺ **蛍光灯**は，HIDランプともいい，水銀灯・メタルハライドランプ・高圧ナトリウムランプを総称したものである。

⑻ **発光ダイオード（LED）**は，省エネ・長寿命・紫外線や熱線をあまり含まないという特徴があり，光源が小さい・調光機能・応答速度が速いという特性を持つ。

⑼ **補色**は，色相環上で見ると，隣同士の関係にある。

⑽ **色相**とは，色を構成する光の波長別のエネルギー分布に基づく色合いの違いのことである。

⑾ **彩度**とは，色の持っている明るさの度合いを表す。

⑿ **黒**は，光をほとんど反射するので，まぶしさがある。また，冷たく，さびしい性質があり，好ましさを追求する特性に欠けている。

⑵ ◯ 色温度が高いと青白い光で、色温度が低くなるにつれて、青→白→赤と変化します。

⑵ ◯ 演色性は、平均演色評価数で判断します。この値が高いほど、基準光源による色との違いが小さく、「演色性がよい」といいます。

⑵ ✕ これは、陳列棚の照明です。ショーウィンドウの照明は、蛍光灯を使って十分な照度を確保し、外部の明るさと連動して照度が調節できるようにします。

⑵ ◯ 店の奥の壁面の明るさを、売場の2～3倍にすると、奥行が鮮明になり、店内が広く感じられて、顧客が入りやすくなります。

⑵ ✕ これは、ハロゲンランプで、白熱電球よりも長寿命で、明るさの変化も少ないです。白熱電球は、ガスは封入されておらず、全般照明に使われます。

⑵ ✕ これは、高輝度放電灯です。蛍光灯は、水銀蒸気の放電によって紫外線を発生させ、この紫外線を蛍光体にぶつけて発光させます。

⑵ ◯ LEDの消費電力は、蛍光灯の3分の1ですが、照度が低いという欠点があり、スポットライトを組み合わせると、この欠点を補うことができます。

⑵ ✕ 補色は、色相環上で正反対にあります。補色の関係の配色は、両色の主張が強くなり、インパクトのある配色になります。

⑶ ◯ 波長が最も短いのが紫で、長いのが赤です。

⑶ ✕ これは、明度です。彩度は、色の冴え方や鮮やかさの程度を表します。

⑶ ✕ これは、白です。黒は、光を吸収するので、明るさが必要で、売場の温度を上昇させます。また、陰気であり、商品の色を引き立たせます。

(33) **灰色**は，完全な中性色であり，隣接する色に何の変化，影響も与えない。その代り，すべてのスペクトルの色相の色を，そのままの価値で示す。

(34) **暖色**とは，空や水を連想させる青緑，青，青紫などの色相である。

(35) 同じ場所にあっても，前に飛び出して見える色を**後退色**といい，赤・橙・黄である。

(36) **準補色**とは，補色の手前の関係にある色である。

(37) **天井の色**は，淡い色を使うのが一般的である。

(38) **床の色**は，一般的には反射率が低く，あまり濃くない色を使う。

(39) **非常に小さい店舗**の場合は，天井を壁よりも明るい色にする。

(40) **単調な四角い店舗**の場合，店奥の壁に両側の壁よりも濃い色を使用すると，広く見える。

(33) ○ 濃い（暗い）灰色は，バックとしては不向きです。明度が白に近づけば（高明度）白の特性に，黒に近づけば（低明度）黒の特性に似ます。

(34) × これは，**寒色**です。**暖色**は，太陽や火を連想させる赤の他，赤紫，橙，黄などの色相です。黄緑，緑，紫は，**中性色**といいます。

(35) × これは，**進出色**です。**後退色**は，奥に引っ込んで見える色で，青や青紫などです。

(36) ○ 例えば，赤と緑，青と黄などで，非常に華やかな感じが出せます。

(37) × 淡い色は，一般的には，**壁の色**に使います。**天井の色**は，反射率の高い色を使います。

(38) ○ ベージュまたはグレーやグレー系の色を使用する店舗は多いですが，レストランや高級専門店などでは，壁面よりも濃い色を使用する工夫も必要です。

(39) × これは，**天井の低い店舗**の場合で，明るい天井で高く感じさせます。**非常に小さい店舗**の場合は，店内のすべてに明るい色を使うと，広い印象を与えます。

(40) × これは，**細長い店舗**の場合です。**単調な四角い店舗**の場合は，店奥の壁に両側の壁より明るい色を使用すると，奥行を感じさせることができます。

第5部

販売・経営管理

第1章　販売員の基本業務

＜要点まとめ＞

○消費者の8つの権利は，①生活の基本的ニーズが保証される権利，②安全である権利，③知らされる権利，④選ぶ権利，⑤意見を反映される権利，⑥補償を受ける権利，⑦消費者教育を受ける権利，⑧健全な環境の中で働き生活する権利。

○消費者の5つの責任は，①批判的意識，②自己主張と行動，③社会的関心，④環境への自覚，⑤連帯。

○販売員の役割とは，①情報提供と情報蓄積，②接客サービス，③顧客満足度の向上，④売上増加のための戦力。

○**15度のお辞儀**は会釈で，「はい，かしこまりました」「少々お待ちください」「失礼いたします」。

○**30度のお辞儀**は，「いらっしゃいませ」と敬礼。

○**45度のお辞儀**は，最敬礼で，「ありがとうございます（ました）」「申し訳ございません」。

○**尊敬語**は，「いらっしゃる・おっしゃる」型。

○**謙譲語**は，「伺う・申し上げる」型（謙譲語Ⅰ）と「参る・申す」型（謙譲語Ⅱ。丁重語）。

○**丁寧語**は，「です・ます」型（狭義の**丁寧語**）と「お酒・お料理」型（**美化語**）。

○クレームの種類は，①商品，②接客，③施設，④その他。

○クレームに対応する際の心構えは，謙虚に顧客の言い分を聞く，心からお詫びする，嫌な顔をしない，感情的にならず冷静に，面倒がらない，こじれる様な場合には場所・人・日を替える，たらい回しになるような社内対応をしない。

○クレーム対応と改善の手順は，①お詫び，②よく聞く，③状況を把握する，④原因の究明と対応方法を提示する，⑤全員へフィードバックする，⑥店舗運営を迅速に改善。

○「ただちに」「すぐに」は，「5分以内に」。

○「のちほど」は，「30分以内に」。

○「後日」は，「48時間以内」。

○返品対応の手順は，①お詫び，②よく聞き，事実の確認をする，③感謝の言葉を述べる，④対応方法を提示する，⑤再発防止策を検討・実施。

(1) 国際消費者機構のいう,消費者の8つの権利のうちの4つは,①生活の基本的ニーズが保証される権利,②安全である権利,③知らされる権利,④選ぶ権利である。

(2) 国際消費者機構のいう,消費者の5つの責任のうちの3つは,①批判的意識,②自己主張と行動,③社会的関心である。

(3) 販売員の役割とは,①情報提供と情報蓄積,②接客サービス,③顧客満足度の向上,の3つである。

(4) **15度のお辞儀**は,「いらっしゃいませ」と,顧客を迎えるときのお辞儀である。

(5) **45度のお辞儀**は,最敬礼である。

(6) 敬語のうち,「いらっしゃる・おっしゃる」型を**謙譲語**という。

(7) 敬語のうち,「です・ます」型と「お酒・お料理」型を**丁寧語**という。

(8) クレームの種類には,大きく分けて,①商品,②接客,の2つがある。

(9) クレームに対応する際の心構えは,謙虚に顧客の言い分を聞く,心からお詫びする,嫌な顔をしない,感情的にならず冷静に,で十分である。

(10) クレーム対応と改善の手順の第一は,お詫びをすることである。

(11) 時間の基本的考え方としては,「ただちに」「すぐに」といえば,「30分以内に」対応することを意味する。

(1) ◯ 残りは、⑤意見を反映される権利、⑥補償を受ける権利、⑦消費者教育を受ける権利、⑧健全な環境の中で働き生活する権利です。

(2) ◯ 残りは、④環境への自覚、⑤連帯です。

(3) ✕ この他に、④売上増加のための戦力があり、全部で4つです。

(4) ✕ これは、**30度のお辞儀**で、敬礼です。**15度のお辞儀**は会釈で、「はい、かしこまりました」「少々お待ちください」「失礼いたします」などのときに使います。

(5) ◯ 「ありがとうございます（ました）」「申し訳ございません」と、ご購入いただいたときや、お詫びをするときに使います。

(6) ✕ これは、**尊敬語**です。**謙譲語**には、「伺う・申し上げる」型（謙譲語Ⅰ）と「参る・申す」型（謙譲語Ⅱ。丁重語）があります。

(7) ◯ 「です・ます」型は狭義の**丁寧語**で、「お酒・お料理」型は**美化語**といいます。

(8) ✕ これ以外に、③施設、④その他、があり、全部で4つになります。

(9) ✕ これ以外に、面倒がらない、こじれる様な場合には場所・人・日を替える、たらい回しになるような社内対応をしない、があります。

(10) ◯ まず謝り、その後に、②よく聞く、③状況を把握する、④原因の究明と対応方法を提示する、⑤全員へフィードバックする、⑥店舗運営を迅速に改善します。

(11) ✕ 「30分以内に」は、「のちほど」です。「ただちに」「すぐに」は、「5分以内に」を意味します。なお、「後日」は、「48時間以内」です。

⑿　返品対応の手順の第一は，お詫びをすることである。

(12) **○** まず謝り，その後に，②よく聞き，事実の確認をする，③感謝の言葉を述べる，④対応方法を提示する，⑤再発防止策を検討・実施します。

第2章　販売員の法令知識

<要点まとめ>

○**大規模小売店舗立地法**では、駐車場・駐輪場・荷さばき施設・廃棄物などが届出事項。

○**中小小売商業振興法**では、高度化事業や経営近代化に助成を行う。

○食肉・魚介類の販売を行う者は、**食品衛生法**に基づく**許可**。

○豆腐製造販売・総菜製造販売を行う者は、**食品衛生法**に基づく**許可**。

○薬局の開設や医薬品の販売は、**薬事法**により、都道府県知事の**許可**。眼鏡、マッサージは、**届出**。米穀類の販売は、**食糧法**により、農林水産大臣に届出。

○酒類の販売には**酒税法**により**免許**。

○古物の販売は、古物営業法により、都道府県公安委員会の**許可**。

○飲食店・喫茶店の営業は、**食品衛生法**により、都道府県知事の**許可**。

○ペットショップの営業には、**動物愛護管理法**により、都道府県知事に**登録**。

○**手付金**は、買主はそれを放棄して自由に契約を解除でき、売主が契約の解除をするときは、その倍額を支払う。

○**内金**は、商品代金の一部前払。契約の解除は認められていない。

○割賦販売とは、指定商品・指定権利・指定役務を、2か月以上、かつ3回払い以上の後払い。

○**リボルビング**は、毎月一定額または残額に対する一定割合額などの形で支払う。

○**信用購入あっせん**は，クレジット会社が消費者に代わって代金の支払いをし，後日，**2か月**を超えて消費者がクレジット会社に支払う。

○**ローン提携販売**は，消費者が商品代金を金融機関から借り入れて分割払いすることを条件に，販売会社が消費者の債務支払いを保証。

○**クーリング・オフ**とは，特定の取引に限って，一定期間なら消費者が一方的に契約を解除できる。

○**クーリング・オフ**は，①訪問販売，②通信販売，③電話勧誘販売，④連鎖販売取引，⑤特定継続的役務提供，⑥業務提供誘引販売取引，⑦訪問購入。

○消費期限や品質保持期限は，**食品衛生法**。

○**消費生活用製品安全法**は，PSCマークやSG制度。

○**SG制度**は，日常使用する製品の安全性を確保し，安心して使用できる製品を市場に提供する制度。

○**PSCマーク制度**は，生命・身体に対して特に危害を及ぼす恐れが多い場合，このマークがないと販売できない。

○**製造物責任法（PL法）**は，事業者に賠償責任。

○**消費期限**は，期限を過ぎたら食べない方がよい。

○**賞味期限**は，おいしく食べることができる期限。

○**JISマーク**は，日本工業規格に適合。

○**JASマーク**は，JAS規格を満たす食品や林産物。

○菱形の**PSEマーク**は，定められた機関で試験を行った上で，**特定電気用品**に表示。

○丸の**PSEマーク**は，メーカーや輸入業者が自ら安全性を確認した上で，特定電気用品**以外**の電気用品に表示。

○**BLマーク**は，住宅部品に表示。

○**Eマーク**は，地域特産品認証事業により，優れた品質・正確な表示・環境と調和。
○**総付（べた付）景品**とは，懸賞にはよらない。
○**一般懸賞**は，単独事業者が，懸賞により景品提供。
○**共同懸賞**とは，事業者が共同して，懸賞。
○景品表示法における不当表示とは，①商品の品質・規格その他の内容についての不当表示（優良誤認表示），②商品の価格その他取引条件についての不当表示（有利誤認表示），③二重価格。
○**容器包装リサイクル法**の分別収集の対象となるのは，①ガラスびん，②PETボトル，③紙製容器包装，④プラスチック製容器包装，⑤アルミ缶，⑥スチール缶，⑦紙パック，⑧ダンボール。
○ごみ全体の容積の**6割**が容器包装廃棄物。
○**家電リサイクル法**では，一部の家庭電化製品（冷蔵庫，テレビ，エアコン，洗濯機など）の回収が義務付けられ，**小売業者**と**製造業者**と**消費者**に義務。
○**食品リサイクル法**では，食品廃棄物の発生の抑制，減量，**再生利用**。
○**グリーンマーク事業**は，古紙を40％以上利用。
○**エコマーク事業**は，環境負荷が少なく，環境保全に役立つと認定されたもの。
○**国際エネルギースタープログラム**は，コンピュータなどについて，消費電力などが一定の省エネ基準を満たす製品に，ロゴ使用。

(1) **大規模小売店舗立地法**では，駐車場の位置および収容台数が届出事項になっているが，駐輪場については届出の必要はない。

(2) **中小小売商業振興法**では，中小小売商業者の組合や会社が高度化事業を実施しようとするときに，助成を行う。

(3) 食肉・魚介類の販売を行う者は，**食品衛生法**に基づく基準を満たした上で，都道府県知事に届出をしなければならない。

(4) 薬局の開設や医薬品の販売は，食品衛生法で規制されており，都道府県知事の許可を得なければならない。

(5) 米穀類の販売は，**酒税法**により，農林水産大臣に**届け出れ**ばよい。

(6) 古物の販売は，古物営業法によって規制され，都道府県公安委員会の免許が必要である。

(7) 飲食店・喫茶店の営業は，**食品衛生法**によって規制されており，都道府県知事の免許が必要である。

(8) ペットショップの営業には，**動物愛護管理法**により，都道府県知事の許可が必要である。

(9) **内金**は，売主が契約を履行するまでは，買主はその内金を放棄して自由に契約を解除でき，売主が契約の解除をするときは，その倍額を買主に支払う。

(10) 割賦販売法によれば，割賦販売とは，指定商品・指定権利・指定役務を，3か月以上，かつ2回払い以上の後払いで販売することをいう。

(11) **リボルビング**とは，クレジットカードでの商品購入やキャッシングの際，残額を回数を決めて支払うことである。

(1) ✘ **大規模小売店舗立地法**では，駐輪場の位置および収容台数も届出事項になっています。その他，荷さばき施設・廃棄物などの保管施設なども届出事項です。

(2) ○ **中小小売商業振興法**では，その他にも，中小小売商業者の経営近代化についても助成を行います。

(3) ✘ 届出ではなく，**許可**が必要です。豆腐製造販売・総菜製造販売を行う者も，**食品衛生法**に基づく基準を満たした上で，都道府県知事の**許可**を得なければなりません。

(4) ✘ 食品衛生法ではなく，**薬事法**により，都道府県知事の**許可**が必要です。眼鏡，マッサージについては，**届け出**れば十分です。

(5) ✘ 届出は正しいですが，米穀類の販売は，**食糧法**です。**酒税法**は，酒類の販売を規制しており，酒類の販売には**免許**が必要です。

(6) ✘ 古物営業法は正しいですが，免許ではなく，**許可**が必要です。

(7) ✘ **食品衛生法**は正しいですが，免許ではなく，**許可**が必要です。

(8) ✘ **動物愛護管理法**は正しいですが，許可ではなく，**登録**します。

(9) ✘ これは，**手付金**のことです。**内金**は，商品代金の一部前払であり，契約の解除は認められていません。

(10) ✘ **2か月以上，かつ3回払い以上**の後払いのことをいいます。

(11) ✘ リボルビングとは，回数は決めずに，毎月一定額または残額に対する一定割合額などの形で支払うことです。

⑿ **ローン提携販売**とは，クレジット会社が消費者に代わって代金の支払いをし，後日，2か月を超えて消費者がクレジット会社に支払うことをいう。

⒀ **クーリング・オフ**とは，いかなる取引も，消費者に考える時間を与え，一定期間なら消費者が一方的に契約を解除できる制度である。

⒁ **クーリング・オフ**は，特定商取引法により，①訪問販売，②通信販売，③電話勧誘販売，④連鎖販売取引に限られている。

⒂ **消費生活用製品安全法**は，消費期限や品質保持期限を定めている。

⒃ **PSCマーク制度**は，日常使用する製品の安全性を確保し，安心して使用できる製品を市場に提供する制度である。

⒄ **製造物責任法（PL法）**では，製品の欠陥により消費者が生命・身体・財産上の被害を被ったとき，事業者に賠償責任を負わせることを目的としている。

⒅ **賞味期限**は，期限を過ぎたら食べない方がよい期限である。

⒆ **JASマーク**は，工業標準化法に基づき，表示された製品が日本工業規格に適合していることを示す。

⒇ **PSEマーク**は，丸の中にPSEと書かれたものは，定められた機関で試験を行った上で，**特定電気用品**に表示される。

⑿ ✕ これは、**信用購入あっせん**です。**ローン提携販売**は、消費者が商品代金を金融機関から借り入れて分割払いすることを条件に、販売会社が消費者の債務支払いを保証することです。

⒀ ✕ クーリング・オフは、「いかなる取引も」ではなく、「特定の取引に限って」います。

⒁ ✕ クーリング・オフは、この他に、⑤特定継続的役務提供、⑥業務提供誘引販売取引、⑦訪問購入が対象になっています。

⒂ ✕ 消費期限や品質保持期限を定めているのは、**食品衛生法**です。**消費生活用製品安全法**は、PSCマーク制度やSG制度を規定しています。

⒃ ✕ これは、**SG制度**です。**PSCマーク制度**は、生命・身体に対して特に危害を及ぼす恐れが多い場合に、このマークがないと販売できないというものです。

⒄ ○ この法律では、製造業者の故意過失などの証明は不要で、①欠陥の存在、②損害の発生、③欠陥と損害との因果関係の3点を証明すればよいことになりました。

⒅ ✕ これは、**消費期限**です。賞味期限は、おいしく食べることができる期限で、この期限を過ぎても、すぐに食べられないということではありません。

⒆ ✕ これは、**JISマーク**です。JASマークは、品位・成分・性能等の品質についてのJAS規格を満たす食品や林産物などにつけられます。

⒇ ✕ これは、**菱形のPSEマーク**です。丸のPSEマークは、メーカーや輸入業者が自ら安全性を確認した上で、特定電気用品**以外**の電気用品に表示されます。

⑵1 **Eマーク**は，安全で快適な住まいづくりのために，品質・性能・アフターサービスに優れていると認定された住宅部品に付される。

⑵2 **総付（べた付）景品**とは，取引に付随して提供するもので，懸賞にはよらないものである。景品の限度額は，1,000円未満は200円，1,000円以上は取引価額の10分の2である。

⑵3 **一般懸賞**とは，事業者が共同して，取引に付随して，懸賞によって景品類を提供する場合であり，限度額は取引価額に無関係に30万円である。また，景品類の総額は，売上予定総額の3％以内である。

⑵4 景品表示法における不当表示とは，①商品の品質・規格その他の内容についての不当表示（優良誤認表示）と②商品の価格その他取引条件についての不当表示（有利誤認表示）の2つである。

⑵5 **容器包装リサイクル法**の分別収集の対象となるのは，①ガラスびん，②PETボトル，③紙製容器包装，④プラスチック製容器包装，の4つである。

⑵6 **家電リサイクル法**では，一部の家庭電化製品（冷蔵庫，テレビ，エアコン，洗濯機など）の回収が義務付けられ，小売業者と製造業者が責任を負う。

⑵7 **食品リサイクル法**では，食品廃棄物の発生の抑制や減量のみを促す法律である。

⑵8 **エコマーク事業**（環境ラベリング制度）とは，社会環境の緑化推進や古紙の再利用促進のために，古紙を40％以上利用した紙製品にマークを付与する。

(21) ✗ これは，BLマークです。Eマークは，地域特産品認証事業による全国統一の認証マークで，優れた品質・正確な表示・環境と調和を表します。

(22) ○ **総付（べた付）景品**とは，商品購入者全員への提供，購入しなくても全員への提供（チラシ持参など），先着順や申込み順での提供，購入価額に応じたスタンプの提供，一定期間の購入額合計に応じた提供などの他，割引券の発行も該当します。

(23) ✗ これは，共同懸賞です。**一般懸賞**は，単独事業者が，取引に付随して，懸賞によって景品類を提供する場合であり，限度額は取引価額5,000円未満は取引価額の20倍，5,000円以上は10万円です。また，景品類の総額は，売上予定総額の2%以内です。

(24) ✗ **景品表示法**における不当表示とは，この他に，③二重価格があり，全部で3つです。いずれも，違反した事業者に対する都道府県知事による指示や立ち入り検査，および消費者庁長官による措置命令などが盛り込まれています。

(25) ✗ **容器包装リサイクル法**では，これらの他に，⑤アルミ缶，⑥スチール缶，⑦紙パック，⑧ダンボールを対象としています。ただし，⑤～⑧は，市場で円滑なリサイクルが進んでいることから，再商品化義務の対象にはなっていません。なお，ごみ全体の容積の6割が容器包装廃棄物です。

(26) ✗ **家電リサイクル法**では，小売業者と製造業者以外に，消費者にも「小売業者への引渡しと費用の負担」を求めています。

(27) ✗ **食品リサイクル法**では，食品廃棄物の再生利用も促しています。これにより，環境への負荷の少ない循環型社会の構築を目指しています。

(28) ✗ これは，グリーンマーク事業です。**エコマーク事業**は，環境負荷が少なく，環境保全に役立つと認定されたものにマークが付与されます。

⑼　**国際エネルギースタープログラム**は，コンピュータなどについて，消費電力などが一定の省エネ基準を満たす製品に，ロゴの使用が認められている。

(29) **○** 国際エネルギースタープログラムは,オフィス機器の省エネルギーを推進するためのもので,コンピュータの他にもプリンタ,スキャナー,コピー機などが対象です。

第3章　販売事務と計数管理の基本的知識

＜要点まとめ＞

○文書の訂正は，赤の**二本線**を引いてから**訂正印**を押し，その下の余白に正しく書き直す。

○販売事務処理は，ヨク，ハヤク，ヤスク，ラクニ。

○**ヨク**は正確な処理，**ハヤク**はスピーディな処理，**ヤスク**は効率的な処理，**ラクニ**は単純・簡単な処理。

○販売に先立って行う事務としては，値札（プライスカード）の作成と取付け，POP広告の作成など。

○販売業務と並行して行う事務として，クレジット販売伝票の処理や保証書の作成・領収書の発行など。

○販売業務終了後に行う事務としては，売上金の集計や現金残高の照合，関係部署への報告書の作成や台帳への記録など。

○店舗調整可能利益＝売上総利益－調整可能費用。

○**貸借対照表**は，一定**時点**における，**資産**・**負債**・**純資産**（自己資本）。

○**損益計算書**とは，一定**期間**の収益と費用と当期純利益。

○**売上総利益**＝売上高－売上原価。

○営業利益＝**売上総利益**－販売費及び一般管理費。

○経常利益＝営業利益＋営業外収益－営業外費用。

○税引前当期純利益＝経常利益＋特別利益－特別損失。

○**売上原価＝期首商品棚卸高＋純仕入高－期末商品棚卸高**。

○**純売上高＝売上原価＋売上総利益**。

○**単体決算**は，１つの小売業単体での決算。

○**連結決算**は，グループ全体を合算した決算。

(1) 文書作成中に書き間違いがあり，訂正する場合は，白の修正液を使う。

(2) 販売事務処理は，ヨク，ハヤク，ヤスク，ラクニが4原則である。

(3) 販売業務終了後に行う事務としては，値札（プライスカード）の作成と取付け，POP広告の作成などがある。

(4) 店舗調整可能利益とは，売上総利益から調整可能費用を引いたものである。

(5) **損益計算書**とは，一定時点における，**資産・負債・純資産**（自己資本）を表したものである。

(6) 損益計算書において，売上高から売上原価を引いたものを**売上総利益**という。

(7) 売上原価＝期首商品棚卸高－純仕入高＋期末商品棚卸高である。

(8) **単体決算**とは，親会社を中心として株式を保有し，実質上支配下に置いている小売業の損益と財務を合算した決算のことで，グループ全体の活動実態を表す。

(1) ✗ 訂正は，赤の**二本線**を引いてから**訂正印**を押し，その下の余白に正しく書き直します。つまり，間違いを残しておきます。修正液などを使ってはいけません。

(2) ○ **ヨク**は正確な処理，**ハヤク**はスピーディな処理，**ヤスク**は効率的な処理，**ラクニ**は単純・簡単な処理を意味します。

(3) ✗ これらは，販売に先立って行う事務です。販売業務終了後に行う事務としては，売上金の集計や現金残高の照合，関係部署への報告書の作成や台帳への記録などがあります。また，販売業務と並行して行う事務として，クレジット販売伝票の処理や保証書の作成・領収書の発行などがあります。

(4) ○ 店舗調整可能利益から営業費用を差し引くと店舗営業利益，店舗営業利益からその他の経費を差し引くと店舗純利益になります。

(5) ✗ これは，**貸借対照表**です。**損益計算書**とは，一定期間の収益と費用と当期純利益を表したものです。

(6) ○ 売上総利益から販売費及び一般管理費を引くと営業利益，そこに営業外収益を加えて営業外費用を引くと経常利益，そこに特別利益を加えて特別損失を引くと税引前当期純利益です。
注：損益計算書には「○○利益」というのが複数出てきて覚えにくいですが，これは「売上AKB」と覚えます。売上総利益に続いて，営業利益の営，経常利益の経，税引前当期純利益の引（びき）の順です。

(7) ✗ 売上原価＝期首商品棚卸高＋純仕入高－期末商品棚卸高です。また，純売上高＝売上原価＋売上総利益です。

(8) ✗ これは，**連結決算**です。単体決算とは，1つの小売業単体での決算のことで，単体での損益計算書と貸借対照表を作成します。

第4章　売場の人間関係

<要点まとめ>

○人間関係の基本は，**相互理解**と**相互信頼**。

○人間関係を支配する，**売場に固有な要素**は，①**責任感**，②**自己管理能力**，③**思いやりの気持ち**，④**コミュニケーション能力**，⑤**ルールやマナーを守る能力**。

○人間関係を支配する，**一般的な要素**は，①**警戒心**，②**感情**，③**性格**，④**利害**，⑤**偏見や先入観**。

○小売店の**売場の特性**は，①**明確な目的を持った企業集団**，②**構成員は選べない**，③**分業体制で業務を遂行**，④**就業規則・業務規則の遵守**。

○良好な人間関係がもたらす効果は，①**円滑な業務の遂行**，②**日常業務を通じての知識や技能の習得**，③**不安や不満の軽減**，④**勤労意欲の維持・向上**。

○コミュニケーションの阻害要因は，①**要領を得ない内容**，②**説明不足**，③**受け手の興味や関心の強弱**，④**同じ内容でも受け手によってイメージや意味が異なる**，⑤**受け手の歪曲（わいきょく）や推理**，⑥**婉曲（えんきょく）な表現**，⑦**受け手が忘れる**。

○上手なコミュニケーションをはかるための留意点は，①**直接会話**する，②**5W1H**を活用する，③相手の話をよく**聞く**，④話をする**時や場所**を考える，⑤**伝達手段**を工夫する。

○**5W1H**とは，Why（何のために），What（何を），When（いつ），Where（どこで），Who（誰が，誰と），How（どのように）。

○上司に対応するには，**報告・連絡・相談**（ホウ・レン・ソウ）。

○**指揮命令系統の統一化の原則**は，直接の上司を飛び越えて，他の上司から指示・命令があったときは，まず直接の上司に相談。

○**フォーマルグループ**は，仕事上の公式組織。

○**インフォーマルグループ**は，気の合う従業員同士の集団で，勤労意欲の維持・向上に役立つ。

○**対人関係能力**（人間関係を向上させるために必要な能力）は，①自分を理解する能力，②相手を理解する能力，③自己表現の能力，④コミュニケーション能力，⑤不断の自己啓発。

(1) 人間関係の基本は，**相互理解**と**相互信頼**である。

(2) 人間関係を支配する，一般的な要素は，①**責任感**，②**自己管理能力**，③**思いやりの気持ち**，④**コミュニケーション能力**，⑤**ルールやマナーを守る能力**，である。

(3) 小売店の**売場**の特性は，①**明確な目的を持った企業集団**，②**構成員は選べない**，の2つである。

(4) 良好な人間関係がもたらす効果は，①円滑な業務の遂行，②日常業務を通じての知識や技能の習得，の2つである。

(5) コミュニケーションの阻害要因は，①要領を得ない内容，②説明不足，③受け手の興味や関心の強弱，④同じ内容でも受け手によってイメージや意味が異なる，の4つである。

(6) 上手なコミュニケーションをはかるための留意点は，①**直接会話**する，②5W1Hを活用する，③相手の話をよく**聞く**，④話をする**時や場所**を考える，⑤伝達手段を工夫する，の5つである。

(7) 上司に対応するには，責任があるという上司の立場を理解して，**報告・連絡・相談**（ホウ・レン・ソウ）を基本にし，情報提供と意見などの提案をする。

(8) **インフォーマルグループ**とは，仕事上の公式組織のことである。

(9) 人間関係を向上させるために必要な能力は，①自分を理解する能力，②相手を理解する能力，③自己表現の能力，の3つである。

(1) 〇　小売業の従業員は，顧客に配慮するとともに，従業員同士の**人間関係**にも配慮する必要があります。その人間関係の基本は，**相互理解**と**相互信頼**です。

(2) ✕　これらは，人間関係を支配する，売場に固有な要素です。**一般的な要素**は，①警戒心，②感情，③性格，④利害，⑤偏見や先入観です。

(3) ✕　小売店の**売場の特性**は，これらの他に，③**分業体制で業務を遂行**，④**就業規則・業務規則の遵守**があり，全部で4つです。

(4) ✕　これらの他に，③**不安や不満の軽減**，④**勤労意欲の維持・向上**，があり，全部で4つです。

(5) ✕　コミュニケーションの阻害要因は，これらの他に，⑤**受け手の歪曲や推理**，⑥**婉曲な表現**，⑦**受け手が忘れる**，があり，全部で7つです。

(6) 〇　5W1Hとは，Why（何のために），What（何を），When（いつ），Where（どこで），Who（誰が，誰と），How（どのように）です。

(7) 〇　この他にも，**指揮命令系統の統一化の原則**があり，直接の上司を飛び越えて，他の上司から指示・命令があったときは，まず直接の上司に相談します。

(8) ✕　公式組織はフォーマルグループです。**インフォーマルグループ**とは，気の合う従業員同士の集団で，勤労意欲の維持・向上に役立つものです。

(9) ✕　これを**対人関係能力**といい，他にも，④コミュニケーション能力，⑤不断の自己啓発があり，全部で5つです。

第5章　店舗管理の基本的役割

＜要点まとめ＞

○**金券**は，現金，各種商品券，ギフト券，小切手などの換金性のある証券。

○代金決済方法には，金券の他，クレジットカード，デビットカード，電子マネー。

○**ロス・マネジメント**とは，万引き防止の他，廃棄・盗難・棚卸ミス・レジの打ち間違いなどのロスに対応する仕組み。

○**万引き防止策**としては，①声掛け，②きれいな売場，③売場の作り方の工夫（死角コーナーをつくらない）。

○**万引き防止策**のセキュリティ・システムは，①カメラ，②タグやラベルなど。

○**食中毒防止**の3原則は，①細菌をつけない，②細菌を増やさない，③細菌を殺す。

○食料品の店頭での商品管理は，①先入れ先出し陳列の徹底，②冷凍・冷蔵ショーケースの清掃と温度管理。

○HACCP（ハセップ）とは，加工食品について，原料から製造・加工工程全般にまで及んで問題点をリストアップし，処理方法を明らかにしたもの。

○JAS法では，遺伝子組換え農産物と，それを使用している食品には表示が必要。生鮮食品には「原産地」が必要で，輸入の加工食品には「原産国名」が必要。

○有機農産物の表示には，JAS規格に合格する必要。

○**トレーサビリティ**は生産履歴の開示。

○**前方施設**は，顧客誘引機能（パーキングなど）と店舗訴求機能（看板・ショーウィンドなど）。

○**中央施設**には，販売促進機能とサービス促進機能。
○**後方施設**は，防災・管理機能（事務室・倉庫・非常設備）と福利厚生機能（食堂・休憩所・トイレ）。

(1) 代金決済方法には，現金，各種商品券，ギフト券，小切手の他，クレジットカード，デビットカード，電子マネーがある。

(2) **ロス・マネジメント**とは，万引き防止策のことである。

(3) **万引き防止策**としては，①声掛け，②きれいな売場，③売場の作り方の工夫（死角コーナーをつくらない）がある。

(4) **食中毒防止**の3原則とは，①細菌をつけない，②細菌を増やさない，③細菌を殺す，である。

(5) **HACCP（ハセップ）**とは，加工食品について，原料から製造・加工工程全般にまで及んで問題点をリストアップし，処理方法を明らかにしたものである。

(6) JAS法では，遺伝子組換え農産物と，それを使用している食品には表示が必要となる。

(7) 食品の**トレーサビリティ**とは，消費期限と賞味期限のことである。

(8) 店舗の**前方施設**には，防災・管理機能（事務室・倉庫・非常設備）と福利厚生機能（食堂・休憩所・トイレ）がある。

(9) 店舗の**中央施設**には，販売促進機能とサービス促進機能がある。

(1) ○ 特に,現金,各種商品券,ギフト券,小切手などの換金性のある証券は,**金券**と呼ばれます。

(2) × **ロス・マネジメント**とは,万引き防止に限らず,廃棄・盗難・棚卸ミス・レジの打ち間違いなどのロスに対応する仕組みのことです。

(3) ○ 万引き防止策としては,この他に,セキュリティ・システムとして,①カメラ,②タグやラベルなどがあります。

(4) ○ また,店頭での商品管理は,①先入れ先出し陳列の徹底,②冷凍・冷蔵ショーケースの清掃と温度管理が重要です。

(5) ○ HACCP(ハセップ)は,ここ数年注目されている衛生管理システムで,アメリカのNASAが宇宙食の衛生管理のために培ったノウハウがベースになっています。

(6) ○ その他に,生鮮食品には「原産地」が必要で,輸入の加工食品には「原産国名」が必要です。また,有機農産物の表示には,JAS規格に合格する必要があります。

(7) × トレーサビリティは生産履歴の開示を意味し,「食品が,いつ,誰に,どこで,どうやって製造され,どのような温度管理・流通経路で店頭に来たか」を開示します。

(8) × これは,**後方施設**です。**前方施設**には,顧客誘引機能(パーキングなど)と店舗訴求機能(看板・ショーウィンドなど)があります。

(9) ○ 販売促進機能は,通路・陳列棚・レジ・照明など,店舗の主要なものにあります。サービス促進機能を受け持つのは,サービスカウンターやエレベーターなどです。

索　引

〔あ行〕

ITF-14 …………………… 73
島（アイランド）陳列 ………102
アウトレットストア ………8, 30
アクセントカラー …………104
アソートメント機能 ………… 18
アブストラクトマネキン ……104
アプローチ …………………112
粗利益 ……………………… 84
粗利益率 …………………… 83
あわじ結び ………………… 96
合わせ包み ………………… 94
Eマーク ……………………166
eマーケットプレイス ……… 8
EOS ……………………50, 89
EOB ……………………… 90
EDI ……………………49, 89
イエス・バット法 …………114
異質性 ……………………… 6
意匠 ……………………… 46
一次卸 ……………………… 14
一物価格 …………………… 80
一般懸賞 …………………166
衣料量販店 ………………… 29
色温度 ……………………145
インストアマーキング ……… 74
インストアマーチャンダイジング
　……………………………128
インストシェア …………… 56
インフォーマル・グループ …176

内金 …………………………162
売上原価 ……………………172
売上総利益 ……………… 84, 172
売れ筋商品 ………………… 50
エコマーク事業 ……………166
SKU ………………………142
SG制度 ……………………164
SPA ……………………… 15
FSP ………………………124
エブリディ・ロープライス …… 80
演色性 ……………………145
エンターテインメント ………124
エンド陳列 …………………100
OJT ………………………108
オープン価格 ……………… 78
オープン懸賞プレミアム ……130
オープン陳列 ………………102
奥行 ……………………… 54
お試しサイズ ………………130
Off・JT ……………………108
オフプライスストア ………… 8

〔か行〕

外商販売 …………………… 28
外装 ……………………… 94
回転包み ………………… 94
開発輸入 …………………… 7
買回品 …………………… 46
過多性 ……………………… 6
カットケース陳列 …………100
カテゴリーキラー ………… 54

家電量販店	30, 54		
カラーコントロール	102		
慣習価格政策	77		
寒色	148		
間接照明	144		
キャッシャー	92		
キャッシュ＆キャリー	8		
キャッシュバック	130		
キャラメル包み	94		
業種	28		
業態	28		
共同景品	166		
均一価格政策	78		
クーポン	130		
クーリング・オフ	164		
グラデーション	104		
グリーンマーク事業	166		
クリンリネス	90		
クロージング	112		
検収	90		
謙譲語	154		
交差比率	68		
後退色	148		
購買心理過程の8段階	111		
後方施設	180		
コーディネート陳列	102		
COOP	21		
ゴールデンライン	100		
コストプラス法	78		
個装	94		
5W1H	176		
コモディティ商品	8		
ゴンドラ陳列	100		
コンビニエンスストア	29		

〔さ行〕

在庫管理	66
彩度	146
再販売価格維持行為	78
先入れ先出し陳列	92
サッカー	92
3S	90
産地直送	13
サンプル陳列	102
GOT	90
JIT方式	62
色相	145
指揮命令系統の統一化の原則	176
自己治癒	14
実用新案	46
品出し	89
死に筋商品	50
ジャスト・イン・タイム方式	62
ジャンブル陳列	102
集中仕入	60
重点管理	66
重点照明	144
純粋管理	66
準備色	147
常温	14
消火	16
商業集積	38
消費期限	164
消費者情報伝達機能	8
消費者の5つの責任	153
消費者の8つの権利	153
商品回転期間	66
商品回転率	66

商品計画	50	専門品	46
商品構成	53	総合品ぞろえスーパー	28
商品展開	60	倉庫型ネットスーパー	24
商品ロス	68	装飾照明	144
正札政策	78	総付（ベタ付）景品	166
情報伝達機能	6	増量パック	130
情報のギャップ	6	ソースマーキング	74
賞味期限	164	側面販売	92
ショーケース陳列	100	損益計算書	172
ショートタイムショッピング	142	尊敬語	154
初期発注	60		
進出色	148	**〔た行〕**	
信用購入あっせん	164	貸借対照表	172
随時仕入	60	対面販売	92
スーパーセンター	8, 29	大量仕入	59
スーパーマーケット	28	多段階性	6
スカルプチュアマネキン	104	棚卸ロス	68
スクエア包み	94	棚割	49
ステージ陳列	100	ダラーコントロール	66
ストアコンセプト	142	単位価格（ユニットプライス）	
ストアコントローラ	72	表示	78
ストアコンパリゾン	78, 134	段階価格政策	78
ストアコンペティター	134	暖色	148
ストレスフリーショッピング	142	単体決算	172
スペースマネジメント	144	単品管理	66, 72
スリープアウト	104	チェッカー	90, 92
生鮮三品	14	中央施設	179
セパレーション	102	中性色	148
セルフセレクション方式	142	調達物流	62
セレクトショップ	30	蝶結び	94
前進立体陳列	92	直接照明	144
全般拡散照明	143	DIY	28
全般照明	143	低音	14
前方施設	180	定期発注方式	60

ディスカウントストア	29	Non PLU	72
丁寧語	154		

〔は行〕

定量発注方式	60	バーゲン価格	77
手付金	162	ハード・ディスカウンター	8
電子データ交換	89	ハイ・アンド・ロープライス	80
電子発注台帳	90	売価値入率	84
店舗型ネットスーパー	24	ハイパーマーケット	8, 29
店舗内占有率	56	端数価格政策	77
登録販売者	14	HACCP（ハセップ）	179
特別価格政策	78	裸陳列	102
独立店舗経営	60	発注サイクル	50
特許	46	発注リードタイム	50
ドラッグストア	27	幅	54
取引機能	6	ハフモデル	134
取引総数最小化の原理	15	パブリシティ	128
トルソー	104	ハンガー陳列	100
トレーサビリティ	13, 180	半間接照明	144
		ハンギング	104

〔な行〕

		半直接照明	144
内装	94	販売計画	50
仲卸業者	14	販売物流	62
投げ込み陳列	102	PSCマーク制度	164
ナショナルチェーン	34	BLマーク	166
ナショナルブランド	8	PLU	72
斜め包み	94	POS	50
荷受	90	POSターミナル	72
荷受・検品	50	美化語	154
二次卸	14	ピクトグラム	92
二重価格表示	78	ビジュアルマーチャンダイジング	
2：8の法則	124		102
入出庫管理	66	非貯蔵性	6
人時生産性	107	平台陳列	100
ネイバーフッド・マーケット	8	フェイシング	50
値入高	84		

フェイス	50	補充発注	60
フェースアウト	104	補色	146
フォーマルグループ	176	ホスピタリティ	124
フォールデッド	104	ボックス陳列	100
不可分性	6	POP	130
フック陳列	100	POP広告	92
プッシュ戦略	128	ボランタリーチェーン	18
物流センター	61		

〔ま行〕

プライス	120
プライスゾーン	80
プライスポイント	80
プライスライン	80
プライベートブランド	8
プラノグラム	144
フランチャイズ	21
フランチャイズチェーン	30
ブランドネーム	46
ブランドマーク	46
プリヴァレッジ	124
プル戦略	128
プレイス	120
プレステージ価格政策	78
フロアゾーニング	144
フロアレイアウト	144
ふろしき包み	94
プロダクト	120
プロップ	104
プロモーション	120
分割包装	94
壁面陳列	102
ベタ付きプレミアム	130
ホールセールクラブ	8, 30
保管機能	6
ポジショニング	142

マーケットプライス法	78
マーケティング	119
マーケティング・コミュニケーション	141
マーチャンダイジング	50
マイクロ・マーケティング	120
マイナス・プラス法	113
前出し作業	92
マクロ・マーケティング	120
マス・マーチャンダイジング	33
ミール・プロムナード	143
見切価格政策	78
無形性	6
結び切り	94
名声価格政策	78
明度	146
最寄品	46

〔や行〕

輸送機能	6
ユニットコントロール	66

〔ら行〕

ライザー	104
ライリーの法則	134

らせん型包装 …………… 94	ロイヤルカスタマー ………… 56
リアルマネキン …………104	ローカライズ ………………… 10
リージョナルチェーン ……… 34	ローカルチェーン …………… 34
リセット ……………………… 90	ローン提携販売 ………………164
リテールサポート機能 ……… 18	ロス・マネジメント …………180
リニューアル ………………142	ロスリーダー価格 …………… 80
リボルビング ………………162	
リモデリング ………………142	〔わ行〕
流通主権者機能 ……………… 8	割引価格政策 ………………… 78
零細性 ………………………… 6	ワンウェイ・コントロール …141
冷蔵温度帯 …………………… 14	ワンストップショッピング …142
冷凍温度帯 …………………… 14	ワントゥワン・マーケティング
レジ前陳列 …………………102	……………………… 56
連結決算 ……………………172	ワンプライス ………………… 80

著者紹介

近藤　孝之（こんどう　たかゆき）

　1956年宮城県仙台市生まれ。東北大学工学部卒。専門学校や予備校で，簿記・販売士・IT関係・一般常識をはじめとして，数的推理・判断推理，数学と理科（物理・化学・生物・地学）など様々な分野を幅広く教える。現在，東北電子専門学校講師，仙台大原簿記情報公務員専門学校講師。

　主な著書に，『徹底攻略コンドウ式日商簿記3級8時間の合格(うか)る授業テキスト』（インプレスジャパン），『要点確認これだけ！　ITパスポートポケット一問一答問題集』（技術評論社），『音声講義　聞いたらわかったSPI』（一ツ橋書店）などがある。

　ホームページ＝http://kondousiki.in.coocan.jp/

本書の内容に関して，正誤表を弊社ホームページ上に公開することがあります。
http://www.zeikei.co.jp/Z/information/seigo_01.html からご確認ください。

本書の内容に関するお問い合わせは，下記編集部宛てにお手紙又はFAXにてお願いいたします。電話でのお問い合せはお受けできませんので，ご了承ください。

著者との契約により検印省略

平成26年11月1日　初版第1刷発行	要点整理＆○×問題で学ぶ！ **販売士検定3級** **一問一答問題集**

著　者	近　藤　孝　之
発行者	大　坪　嘉　春
印刷所	税経印刷株式会社
製本所	株式会社　三森製本所

発行所	〒161-0033　東京都新宿区 下落合2丁目5番13号	株式 会社　**税務経理協会**
	振　替　00190-2-187408 ＦＡＸ　(03)3565-3391	電話　(03)3953-3301（編集部） 　　　(03)3953-3325（営業部）
	URL　http://www.zeikei.co.jp/	
	乱丁・落丁の場合は，お取替えいたします。	

Ⓒ　近藤孝之　2014　　　　　　　　　　　　　　　　Printed in Japan

本書の無断複写は著作権法上での例外を除き禁じられています。複写される場合は，そのつど事前に，(社)出版者著作権管理機構（電話 03-3513-6969,
FAX 03-3513-6979, e-mail : info@jcopy.or.jp）の許諾を得てください。

JCOPY ＜(社)出版者著作権管理機構　委託出版物＞

ISBN978-4-419-06168-5　C3034